作者简介 AUTHOR INTRODUCTION

高志鹏

- 天津大学管理学院国际工程专业学士
- 上海财经大学金融学硕士
- 心理咨询师
- 注册会计师（CPA）
- RODC 企业管理咨询师
- "LEAD NOW"领导力认证讲师

曾 任

上海宝钢集团国际经济贸易总公司项目经理、培训主管，竞越顾问有限公司沟通产品线、解决问题产品线经理，凯洛格咨询集团研发总监、专家讲师，上海棋盘资本独立董事，玛雅房屋集团山东区域总经理，中华讲师网首席运营官。

主做项目

通用能力课程、管理必备课程、沙盘模拟课程、行动学习、TTT课程、领导力课程、结构化研讨等。

代表作

《内耗——卓越高效团队建设的极大障碍》《跟抑郁者聊天》《与孤独者聊天——如何掌控自己的命运和生活》《人生就像一本故事书》。

自我定位

基于自身的持续学习和成长，以弘扬"中国式领导力"为自己毕生追寻的光荣与梦想。

企业内训师
是怎样炼成的

高志鹏◎著

图书在版编目（CIP）数据

企业内训师是怎样炼成的 / 高志鹏著. -- 北京：企业管理出版社，2025.3. -- ISBN 978-7-5164-3219-8

Ⅰ．F272.921

中国国家版本馆CIP数据核字第2025TV2788号

书　　名：	企业内训师是怎样炼成的
书　　号：	ISBN 978-7-5164-3219-8
作　　者：	高志鹏
策　　划：	朱新月
责任编辑：	解智龙　刘　畅
出版发行：	企业管理出版社
经　　销：	新华书店
地　　址：	北京市海淀区紫竹院南路17号　邮　编：100048
网　　址：	http://www.emph.cn　电子信箱：zbz159@vip.sina.com
电　　话：	编辑部（010）68487630　发行部（010）68701816
印　　刷：	北京科普瑞印刷有限责任公司
版　　次：	2025年3月第1版
印　　次：	2025年3月第1次印刷
开　　本：	710mm×1000mm　1/16
印　　张：	19.25 印张
字　　数：	240 千字
定　　价：	78.00 元

版权所有　翻印必究　·　印装有误　负责调换

缘起

我为什么想要创作《企业内训师是怎样炼成的》这本书？

我的主要角色是一名企业培训师，2002年开始在企业内部担任培训师（兼职），2005年进入培训机构开始担任职业培训师（全职）。弹指一挥间，我浸润培训行业已经整整22个年头。

企业培训师具体做什么呢？简单说，就是针对企业中的某个员工群体（如主管、经理、高管）所出现的某种问题（如跨部门沟通不畅、变革管理受阻、会议管理低下、战略不清晰）进行针对性的训练，改变其思维方式，强化其行为能力，以提升其绩效表现。

理论上说，有多少种问题，就有多少门培训课程。在众多课程之中，有一门课程与众不同，它就是TTT（Training the Trainer to Train，即培训培训师）课程。为什么这样说呢？

其他课程，比如供应链管理、财务管理、辅导员工、向上管理，大多是要解决基于学员自身职位特点的某一类问题；而TTT课程要解决的问题是，如何让学员成为一名企业的内部培训师。

当学员成为合格的培训师之后，上述问题将可以由这些学员通过开发针对性的课程并交付课程（课程+辅导等其他服务）来解决。TTT课程是一门基础性的课程，提供通用的开发课程和交付课程的方法论；而其他所有课程，都是一种使用了TTT技术之后的，基于具体应用场景来解决问题的培训方案。

我在2012年就认定TTT课程是一门"元课程"，即所有课程的基础课程。我每每交付TTT培训项目的时候，总是有着崇高的使命感；每每项目结束，我总能获得极大的、超乎一般课程的成就感和职业满足感。

开始的时候，我也没深入思考过为什么，只是一种本能的感觉而已。后来，我很快想明白了其中的原因。

这门课程的学员未来都是培训师，理论上说都将面向无数的学员。因此，作为他们的老师，我的责任重大。如果他们走出去，把学生教坏了，或者浪费了学生的时间，这其中的罪过都有我的份儿。每每想到这里，我都诚惶诚恐、战战兢兢。

我不能把他们教坏了！相反，我要以身作则，以德服人；我要拿出自己平生所学，倾囊相授。一定不枉师徒情分一场，一定要护佑他们成功，我的使命感油然而生。

对于这样的培训项目，我只要确定承接，就不会再考虑我的时间精力的投入产出比等问题，而是会全力以赴地服务我的客户、我的学员。也许是天遂人愿，这样的项目总是会收获非常精彩的、圆满的结局。因此，我总能获得巨大的成就感、职业幸福感。这种感觉又会进一步增强我的使命感并激励我承揽下一个TTT项目，由此开启我的TTT项目的正向循环。

一眨眼，十多年过去了。我就是在这样正向强化的循环中，愉快地经历了一个又一个难忘的TTT项目。特别让我欣慰的是，有些十年前上过TTT课程的学生，至今还和我保持着联系，我们已经成了彼此高度信任的朋友。更重要的是，他们都已经成了所在企业内训师团队的中流砥柱，成了内训师的老师。为此，我深感欣慰，深以为荣。

2015年，我交付了一个内训师项目。那个项目在当年带给了我一次培训师生涯的巅峰体验。之后，我萌生了动笔的念头——把一些

TTT课程的经验总结出来，帮助更多有志于成为内训师的企业员工。但是，那个时候时机还没有成熟；当下，应该是时机成熟了。我为什么这样说？来看一个正在发生的真实故事。

行家一伸手，便知有没有

一个周三的上午，我接到了一家培训公司销售顾问的电话。"高老师，有个培训需求，与您沟通一下。""好啊，你说说吧。""客户是苏州工业园区的一家制造型企业，规模很大，有几万人。他们今年要做TTT项目，您最擅长了，所以和您联系。""谢谢你，他们的需求是什么？""客户提到了一些常规问题，比如目前她们的内训师还是以灌输式教学为主，课堂气氛不活跃。客户强调希望课程中能够激发学员动力的课程占比要高一些。""这个客户还是比较懂TTT的。他们为什么强调这一点呢？""这个我就不大清楚了。""可否约一个三方电话会议，我们沟通一下？""我也是这个意思。下周一下午两点，您的时间方便吗？"我查了一下档期，"可以的。"

周五下午，我收到了销售顾问的微信留言，"客户在培训方面做得非常专业。下周的电话会议，客户重点想了解您的课程怎么激发学员动力。拜托高老师了！"销售顾问在给我传导压力，看来他遇到了一个有实力但又挑剔的客户，他的留言让我有一点点兴奋。

周日上午，销售顾问打来电话，"高老师，明天下午的电话会议，您的时间没问题吧？""没问题，预留好了。这个客户的培训成熟度比较高，是吧？""是的。实话和您说，之前他们联系过几位TTT老师，都是卡在如何激发学员动力这个问题上，对几位老师不太满意。所以才来麻烦您。""理解，没关系。他们能够提出这样的问题，很好，说明他们是很专业的甲方，我们是专业的乙方。甲乙双方专业度的匹配度高，是容易沟通的。""是的。我告诉他们您长期给苏州园区美誉度非常高的老牌跨国公司做TTT项目，他们对您很抱期望的。""谢谢你的推荐。你放心吧。周一聊。"

周一下午，三方电话会议如约开启。客户开门见山，"高老师，您好。我介绍一下我们公司的背景和需求。我们是一家制造型企业，位于苏州的工厂就有员工上万人，推行内训师项目好多年了。现在所遇到的问题都是老生常谈，比如内训师上课念PPT、缺乏互动、灌输式、意愿度不高。我们特别想了解，您的课程是怎么激发学员意愿的。"

我回答道："你们公司是怎样定位这种培训项目的？""嗯……您的意思是？"对话陷入了停顿。对方一下子没有反应过来，不大明白我的意思。我倒是有思想准备，因为不是第一次遇到这样的反应了。于是，我耐心地解释道："咱们HR每年要策划和执行很多培训项目，对吧？其中，多数项目被视为一般性项目，少数项目公司非常重视，比如'新任高管的领导力'以及当下流行的一些课程，像'数字化变革'。这些少数项目，我们经常称之为战略级的项目，特点是常常可以引起高层的关注并被分配充足的资源；而那些一般性的项目可以称为战术级的项目，一般不会引起高层关注，只能获得必要的、有限的资源。如果这样粗略地来划分，那么你们怎么定位这个内训师培养项目呢？"

"我明白您的意思了。这个项目对于我们来讲就是一系列培训项目中的一个普通项目，肯定不是战略级的项目。在老板那里，就是一行信息而已，主要包含两个数字：培训人数和预算。"

"感谢你的反馈。所谓战略级培训项目，是指项目影响面广、影响力持久和深入。恕我直言，我们通常会将内训师培养项目定位为战略级项目，其中一个主要原因是：这种项目不同于一般的培训项目，一般的培训项目通常只会影响到学员本人或学员所负责的团队,而内训师培养项目在理论上可以影响到各个层面、各个维度。因为合格的内训师可以开发出各种各样的课程,可以持续地进行授课,持续地赋能企业员工。"我停顿了一下,继续说道,"你之前提到的那些问题,也许根源在于内训师培养项目的定位。""嗯。您说得有道理。我们内部要讨论一下这个问题。谢谢您的分享。"客户给出了正面反馈,我的观点触动了客户的原有认知。

"高老师,我们特别想了解,您在现场如何来激发学员成为一名内训师的动力。"客户继续追问他们所关心的问题。我喝了一口茶,继续分享道:"激发学员的动力是一个系统工程,最底层的逻辑是刚才提到的定位问题。如果把那个底层问题暂时搁置,仅仅就一次 TTT 培训课程而言的话,我解决学员动力问题的做法会覆盖训前、训中、训后三个部分。""请您具体说说。"

"我们一般建议这种课程采取小班教学模式。我长期为苏州本地的一家跨国公司做 TTT 项目,每次授课他们通常安排 10~12 人,最多不超过 16 人,这种安排背后所体现的是项目的战略级定位。对于这样的小班授课,我在训前先发放调研问卷,回收后我可以电话访谈每位学员。这种访谈的目的有两个:进行课前摸底,了解学员状况;更重要的是,通过访谈这个沟通过程,帮助学员建立对我的信任,以便于我在训中、训后更有效地影响学员。训前,我当然要与 HR 部门密切沟通学员的情况,包括学员的选拔和课程选题等。""我们正好也关心学员的选拔标准问题,想向您请教。"客户插话道。

"学员的选拔标准,我建议重点关注两个指标。第一个指标是意愿度:这个指标在人群中也总是正态分布的。较少一部分是意愿度非常高的员工,很欢迎他们参加课程;较少一部分是意愿度非常低的员工,建议暂不考虑他们参加;中间的大部分,意愿度中等纳入选拔范围,这部分是我们工作的重点。第二个指标是学员的繁忙程度。培训期间预计工作将会特别繁忙的学员,建议参加下一期课程。另外的一些指标,比如专业度、忠诚度,就要请 HR 同事们帮忙考虑了。""好的,感谢您的分享。""不用客气。训前,人员确定以后就要确定选题了。学员们可以借助这次培训机会开发一个新课题,也可以完善、升级原来的一个老课题。最理想的课题一定是公司、学员都喜欢的课题。这方面,主要拜托 HR 同事们了。我是完全开放的,在我的 TTT 课上,课题不需要限定范围,即技术类、管理类都可以。因为背后的方法论是一样的。""这个也是我们的一个顾虑。您可能不大懂我们的技术。""哈哈,完全理解你们的顾虑,感谢你的信任,可以坦诚地说出你的顾虑。你可以采访一下我的客户,苏州园区那家跨国公司的 HR。以前我给他们公司交付 TTT 项目时,他们有一次非常兴奋地给我反馈,'高老师,您太帅了!学员说了,您完全不懂他们的技术,但是照常指导他们开发课程。学员服了!'"

我继续说道:"这种情况对于学员来讲好像有点奇怪,但是对于我来讲,每次 TTT 项目都会发生,其实并不神秘。一方面,我传授的是方法论,所谓方法论,是通用的方法,是底层的原理,可以适用绝大多数场景;另一方面,学员们的那些技术问题,其实只要了解基础的物理化学原理,不去纠结细节,也是不难理解的。因此,每次我都可以听懂学员在说什么,也可以和他们就课程开发问题做一些内容方面的探讨。这种探讨,不是站在内容专家的角度,而是站在熟悉课程开发原理的 TTT 专家的角度。这种角度,主要是指站在受众(学员)的角度来思考、感受。所以,这种探讨经常会带给学员们新的视角、新的思考。""听上去很厉害!"客户说。"也没有。我只是对各种技术课题很感兴趣,久而久之,一般的技术问题也都可以从内容方面给出一些建议了。训前主要是这些工作吧。""您继续讲讲训中怎么做吧。"

"我的 TTT 理论体系分为两个部分：课程开发和课程交付。通常的 TTT 项目都是先上两天的课程开发。第一天的上午半天，从根本上说只解决一个问题——学员的意愿度问题。一般开场破冰之后，我会先导入一些基础的概念，比如什么是培训，什么是学习，然后就会切入意愿度话题。具体做法是，我在现场会设计一个环节，一对一采访每一位学员一个问题——你是否愿意成为一名内训师以及为什么。""如果人数比较多怎么办？""所以说，这真的是一个系统工程。我尽量和客户的培训管理者建立信任，最大限度地影响他（她），使其把学员人数控制在理想的范围内。如果人数还是比较多，我也会尽量挤出时间确保把这件事做透、做充分。因为解决内训师意愿度问题是最重要的一件事。这也是为什么当我听销售顾问说你们特别关心这个问题的时候会感到很开心，会对今天的电话会议抱有更高期望。因为你们很专业，抓到了最核心的问题。""谢谢老师的肯定。您现场怎么采访呢？"

"就是抛出问题，让小组先讨论几分钟，然后开始一个一个地邀请学员站起来，当着全班的面回答这个问题，愿意的要讲出愿意的理由；不愿意的要讲出不愿意的理由；纠结的要讲出正、反两方面的理由。我会在白板上收集正、反两方面的理由，然后继续引导学员们讲出处理反面理由的一些办法。实在没有解决办法的反面理由，就要安心地接受，因为那是做这件事的成本。接下来，我们会讨论做这件事的收益有哪些，分别从公司和个人的角度来谈。这个部分的最后环节，我会分享二十多年来的一些心得与收获。大概就是这样一个过程，没有任何说教，没有任何口号和大道理，只有大家平等的讨论和分享。""现场效果怎么样？"

"这样说吧，十多年来，我做过很多TTT项目，每一个都很成功，而每一个项目成功的根本原因就是这个环节处理得到位。""太好了！感谢老师。"客户有点兴奋了，接着问："'训后'您再讲一下吧。"

"训后要做的事情有很多，主要是拜托HR的同事们了。我认为训后最重要的一件事是确保学员们首战必胜，即学员们在企业内部的第一次授课必须取得成功。这是一种信念，我在课程中会反复提及，并且会不断给出相应的措施和手段。这里面有很多技巧、细节，今天没法展开说了。我只讲一点，如果条件允许，我会辅导每一位学员直至上场前的最后一分钟。""好的。非常感谢高老师。今天的会议我们收获很大。您的训前、训中、训后的处理手法很给力。如果前面那个定位问题解决了，TTT项目肯定会大获成功。"客户的信心增加了。

"是的。恕我直言，一个培训项目成功与否的关键因素来自甲乙双方。但两方并不平等，无论项目成败，甲方的影响程度占比至少是60%，乙方最多占比40%。一个项目成功了，从现象上看，甲方似乎没做什么，只是点了一下头，同意了方案，几乎所有的活都是乙方干的；但是这个点头同意的动作足以占成功因素的60%以上，乙方全部的努力加起来最多占成功因素的40%。甲方'点头同意'的这个动作，本质上是对项目定位的认可，是起决定性作用的。用我另一门课程'毛泽东领导力'中的理论来解释：内因是根据，外因是条件，外因通过内因起作用。甲方是内因，乙方是外因。我的TTT项目无论获得什么样的赞誉，我都很清楚，主要原因是甲方的决策正确。"

"理解，非常认同。我们马上回去开会讨论一下有关问题，尽快给您答复。再次感谢，再见。""感谢你们的信任，再见。"一次电话会议愉快地结束了。

第二天，销售顾问来约我的档期，这个项目就这样确定了。我很开心，很欣慰，不是因为多了一个项目，而是我通过一个多小时的电话会议，帮到了几位HR伙伴，他们可以影响到几万人。

这就是这份职业的荣耀所在——培训师真的可以改变很多人。

类似这样的电话会议，我开过很多，帮过很多企业、很多HR伙伴。但是，我所帮到的可能是中国企业中很小的一部分。我做培训师20多年，精研TTT项目10多年，所积累的一点点经验如果能发挥更大价值，帮到更多的企业，岂不是更好吗？我应该把这些经验总结、分享出来，抛砖引玉，助力更多中国企业更快、更好地发展。

这一次，我感觉，时机真的成熟了。

小 结

1. TTT项目成功的关键因素是项目的正确定位。

2. 甲乙双方配合完成。

　　训前，需求调研；

　　训中，课程交付；

　　训后，跟进辅导。

3. TTT课程交付的关键在于，充分解决学员（内训师）的意愿度问题，即成为内训师的动力问题。

这本书试图要回答一个什么问题？

正如书名所言，这本书要回答的是企业内训师是怎样炼成的，即企业要如何培养内训师。

为什么要确定这样一个课题？

在10多年的TTT教学中，我接触了大量的HR伙伴，常常听到他们提出一些困惑。

企业要不要培养内训师？

内训师项目和其他项目有什么不同？

内训师项目在企业众多培训项目中应该怎么定位？

内训师应该怎么培养？

内训师项目为什么做着做着就做不下去了？

内训师应该怎么激励？

……

多年前，我是一家超大型国际化钢铁生产集团的一名HR，负责过内训师团队的搭建，而且自己也是一名企业内训师。因此，我比较能理解HR伙伴们在内训师培养问题上的苦恼。目前，我的主要工作之一是作为一名企业外部顾问，负责TTT项目的策划和执行。因此，我又可以跳出圈外，比较客观、独立地看待企业内训师培养问题，加之多年实践经验总结，我感觉可以部分地回答"企业内训师培养"这个问题了。

一家企业开始培养自己的内部培训师，标志着这家企业的人力资源管理工作进入了一个新阶段。这是一个里程碑事件，一方面，外部培训已经无法完全满足企业内部人才发展的要求，同时，内部也已经孕育出一批骨干力量可以担负起"传道、授业、解惑"的责任；另一方面，企业的知识管理工作将由被动走向主动，由自发走向自觉。本书旨在帮助企业更加顺利地迈入这个具有里程碑意义的发展新阶段。

同时，我诚挚声明：这本书充其量就是一块引玉之砖，期待着同行们、HR 伙伴们不吝赐教，大家共同努力，把继续教育领域中**企业内部师资培养**这个问题解决好，助力中国企业健康、快速发展。

本书的目标读者是谁？

企业决策层、管理层、HR、企业内训师、预备内训师以及有志于成为一名培训师的任何一位企业员工。

本书的主要内容有哪些？主要包含以下五部分。

第一部分，即第一章，主要介绍关于企业内训师的若干基础概念，比如企业培训的本质、合格内训师的标准。这部分内容极其重要，是后面所有方法论的理论源泉，建议耐心阅读。

第二部分，即第二章，讨论企业如何培养内训师这个话题，从宏观——如何设计 TTT 项目和微观——如何成功举办一堂内训课程这两个层面展开，欢迎阅读分享。

第三部分，即第三、四章，介绍课程开发的方法论，这套方法论是我整个理论体系的核心，主要解决"如何实现培训课程目标"的问题，建议重点关注。

第四部分，即第五、六章，介绍课程交付的方法论，主要解决"如何影响现场学员发生行为改变"的问题，涉及大量现场的互动与应变经验，欢迎交流切磋。

第五部分，即第七章，介绍内训师辅导的方法论，主要解决"如何帮助内训师加速成长"的问题，建议内训师朋友们和企业管理层重点关注。内训师辅导是内训师成长的捷径，也是性价比极高的管理手段。

本书的特点有哪些？主要有以下七点。

1. 这本书是我基于实践的经验总结，包括20年以上的一线培训经验和10年以上的TTT课程以及项目经验。

2. 由于经验来自实践，因此，本书的故事和案例丰富有趣。

3. 立足企业方的视角，整体探讨"怎样培养企业内训师"的问题。

4. 对于培训、学习、内训师等基础性概念，有独到的洞察并以此支撑其相关的方法论。

5. 关于课程开发方法论，其基础理念是"旨在为企业整体解决问题"，具体表现为对于培训需求输出课件，对于非培训需求输出管理建议。

6. 关于课程交付方法论，剔除花哨的概念、复杂的模型，立足简单、实用、有效，方便学员快速上手。

7. 关于内训师辅导方法论，基于大量实践摸索出一整套极简、高效的辅导流程和工具，大大缩短了内训师的成才周期。

本书的定位是提供一整套长期亲测有效的方法论。同时，我认为科学的方法论一定是基于正确的世界观。因此，书中也有提及心法，即世界观的范畴，也就是对"道"的理解。希望本书最终可以在道、法、术、器等不同层面上帮助到每一位有缘人。

本书如何阅读？

方法一：专业选手，随手翻阅。我认为本书阅读无障碍，各个模块边界清晰，但是八成是因为自己对于书的结构非常熟悉所至。因此，这种方法不应向普通读者推荐，尤其是第一次阅读的读者，似乎更适合于专业选手。

方法二：业余选手，顺序阅读。这种方法应该更适合普通读者，因为概念先行（尤其是基础概念），方法论随之次第展开，这样做逻辑顺序清晰，由浅入深，更容易被普通读者接受。

本书献给中国的成人继续教育事业。

在这本书的写作过程中，感谢我的每位家人对我的支持，包括父亲高玉清先生、母亲程俊华女士、妻子李敏女士，以及三个孩子：大儿子高维骏、二儿子高英豪、三闺女高宸惜。感谢我的学生们对我的支持：Joy Chen、培芬、巧云、康居等。

CONTENTS

第一章　重新定义企业内训师 ▶ 001

第 1 节　理解企业培训的本质，让培训"每战必胜" ／ 003
第 2 节　理解学习的本质，让培训更有成效 ／ 009
第 3 节　重新定义企业内训师，让职业标准更清晰 ／ 013
第 4 节　企业需要内训师吗 ／ 016
第 5 节　员工想要成为内训师吗 ／ 020

第二章　企业如何培养内训师 ▶ 027

第 1 节　TTT 项目为什么经常是虎头蛇尾 ／ 029
第 2 节　找准定位，TTT 项目手到擒来 ／ 035
第 3 节　TTT 项目总体设计，共识是基础 ／ 038
第 4 节　内训师激励的关键——首战必胜 ／ 045
第 5 节　如何成功举办一堂培训课程 ／ 051

第三章　内训课程开发五原则 ▶ 055

第 1 节　立足企业问题的整体解决 ／ 057
第 2 节　以终为始，不忘初心 ／ 062
第 3 节　始终牢记以学员为中心 ／ 065

第 4 节　搭好台阶，循序渐进 / 070
第 5 节　步步为营，慢就是快 / 074

第四章　内训课程开发七大步骤 ▶077

第 1 节　课程设计，概念先行 / 079
第 2 节　确定框架，打好基础 / 083
第 3 节　策略设计，举重若轻 / 098
第 4 节　15 种手段，各有妙用 / 106
第 5 节　内容开发，引人注目 / 129
第 6 节　辅助工具，不可小觑 / 146
第 7 节　持续优化，只有更好 / 155

第五章　内训课程交付五原则 ▶159

第 1 节　以真心换真心，才能赢得学员 / 161
第 2 节　能让学员做的都让学员做 / 168
第 3 节　掌握学员特点，因材施教 / 173
第 4 节　循循善诱，让学员心悦诚服 / 177
第 5 节　好为人师，不如为人师表 / 182

第六章　内训课程交付的八大步骤 ▶187

第 1 节　做好训前准备，为成功交付课程打好基础 / 189
第 2 节　掌握培训礼仪，快速拉近师生距离 / 200
第 3 节　好的开始，是成功的一半 / 210
第 4 节　制定好策略，让课程展开更稳健 / 218

第 5 节　不同类型内容的典型教学方法 / 221

第 6 节　课程应变，要学会"以不变应万变" / 232

第 7 节　应对问题，要学会"化敌为友" / 236

第 8 节　师生共创，在高潮中结束课程 / 243

第七章　企业内训师的"外挂"——辅导 ▶ 247

第 1 节　内训师需要辅导吗 / 249

第 2 节　2P3F 辅导法，简单又高效 / 252

第 3 节　众师百态，可资借鉴 / 259

跋　为企业内训师建立生态位 / 269

后记 / 273

附录 1　配套工具《课程开发工作表》 / 279

附录 2　HR 心声 / 282

第一章 重新定义企业内训师

ONE

企业内训师通常会被简单定义为企业内部兼职做培训的人。这个定义不能说错，但是只拘泥于事物的表象，没有触达现象背后的本质。我们需要重新定义企业培训师，想要解决这个问题，先要搞清楚什么是企业、什么是企业培训、什么是学习等一系列基础问题。

第 1 节

理解企业培训的本质，让培训"每战必胜"

企业内训师的工作就是在企业内部做**企业培训**。想要搞清楚什么是企业培训，就要先搞清楚什么是企业。

所谓"企业"，是指以营利为目的的经济组织。这种组织存在的根本目的是实现经济回报。那么，什么是"企业培训"呢？

所谓"企业培训"，我给出的定义是，企业开展的、有计划的、有组织的、针对特定员工群体的、旨在解决某类问题的、集体性的学习活动。

那么，"企业培训"的本质是什么呢？

要想搞清楚这个问题，先要搞清楚"企业"的本质是什么。**企业的本质不是教育机构，而是"以营利为根本目的"的经济组织**。既然"营利"才是企业存在的根本目的，那么这个企业中发生的各种活动中，绝大多数都可以理解为"实现这个目的"的手段。**企业培训的本质同样如此，也是企业为实现"营利"目的的经营手段**。

有的企业重视培训，核心员工、关键干部一定要自己培养；而有的企业不重视培训，缺什么人才直接从市场上获取，不惜高价聘请。这两种做法有没有绝对的对错呢？显然没有。因为这两种策略各有其优缺点，在企业发展的不同阶段，都有可能派上用场，都是手段而已。

对企业经营有所了解的人应该知道，任何经营手段的背后都存在一个"性价比"的问题。只要经营手段不唯一、有替代选项，那么就会存在一个"用哪种经营手段更划算"的问题。

所以，经营企业不能走极端，任何指标都不能追求极致完美，而需要权衡、统筹考虑各种因素，最终找到性价比更高的经营手段。企业培训这种经营手段的性价比如何？我们先来看成本，然后再来看收益。

企业培训这种经营手段的成本极其高昂！因为，企业培训的形式通常是一群人放下手头的工作，在同一时间赶到同一个地点，投入少则一两个小时、多则数天的时间进行学习。这种成本几乎是所有经营手段中最高的！

每次TTT课程讲到这里，我都会和学员说："你们下课回去，对于**培训能砍掉的都砍掉！只留下那些实在砍不掉的、必须要上的课程。**"这时，学员们通常是一脸蒙。我接着说："砍哪些呢？不知道为什么要搞的、培训目标不清晰的、受众学员群体不明确的、资源不足的、领导不重视的，都可以砍掉！"学员们满脸错愕。我猜他们的心里话是：我们来参加"培训培训师"的课程，原本期望是回去后马上开课、多讲课，老师怎么让我们回去先砍课？

我继续说："第一，大家不用担心没课讲，课程有很多，开发不完，也讲不完。因为问题每天都在发生，进入课程开发部分，大家就会理解了，这个问题不用担心。第二，为什么我让大家回去先砍掉那些课程？最根本的原因就一条，我要确保这里的每一位内训师回去之后'首战必胜、每战必胜'！"

那么，什么才叫"胜"呢？怎么才能"胜"呢？

第一章 ｜ 重新定义企业内训师

一位培训师交付一堂培训课程，就如同投入一场战斗，课程效果就是战斗结果。一场培训课程怎么就叫"胜"了呢？一个最基本的标准是，这场培训获得了每个主要利益相关方（企业、学员、培训师等）的满意。

满意度 = 现状评估 / 期望值

培训性价比 = 学习成果数量 / 学习时间

培训后各方的满意度 = 培训性价比的现状评估 / 培训性价比的期望值

举例说明，一名销售员来参加半天的培训，他投入 3 小时时间，期待学到一个销售技巧。他对这次培训的性价比的期望值是 1/3。培训结束后，他如果认为自己学到了两个销售技巧，那么，他对这次培训的性价比的现状评估为 2/3。他对培训的满意度 =（2/3）/（1/3）=2，他是非常满意的。反之，培训结束后，他如果认为没学到什么有效的方法，那么，他的满意度 =（0/3）/（1/3）=0，他会不满意，甚至感到愤怒，因为这次培训浪费了他的时间，完全没有达到他的期望。

那么，怎么才能"胜"呢？抛开系统方法不谈，有没有一招制敌的绝招？还真有！

我开发了"毛泽东领导力"课程，毛泽东打仗胜率惊人。培训也是如此，把没有把握的培训全部砍掉，剩下的培训，其成功率自然提高了。

这就是我倡导"砍掉一切能砍课程"的原因。

为什么一定要提高培训的成功率呢？因为培训这种经营手段的成本非常高昂，如果不成功，伤害极大，企业很难承受。所以**企业培训的唯一出路就是"每战必胜"**。

下面继续讨论培训性价比问题中的收益问题。培训的成本极其高昂，意味着一旦选择培训这种手段，企业预期培训收益足够高，而且必将全力追求培训的高收益。这也意味着，**企业培训必然是一个闭环**

的活动，即必须要进行培训效果评估，以判断培训收益能否大过以及多大程度上大过培训成本。培训和分享不同。分享是开环的过程，不需要闭环评估，受众根据自己的悟性能吸收多少算多少。分享者很多时候也不是站在受众角度考虑，而是以满足自己的需要为主。

企业培训这种经营手段的收益到底如何呢？我来举一个典型的例子，估算一下培训的收益。一名操作工本来不会操作某机器，收益为零。经过10天培训，他会操作该机器了，收益是多少呢？只要他不离开，收益会一直产生，而且越来越高、越来越稳定。10天培训的成本估算为3000元，操作工每月为企业创造的收益估算为10000元，扣除每月人工成本5000元，每月净收益5000元。假设他工作满一年才离职，那么其一年里所创造的净收益为60000元，是培训成本的20倍。这是一项年回报率2000%的投资啊！虽然以上数字都是估算值，但是从中也应该可以感受到培训的价值了。为什么培训可以产生如此巨大的收益？

因为人们一旦通过参加培训获得了某种能力，就不会轻易地失去这种能力，可以长时间地重复使用这种能力来持续地创造价值。我将这个逻辑称为培训带来的"**能力复用**"效应。举例说明，人学习游泳，开始的时候会遭遇各种困难，比如呛水，这是因为姿势不对。但是如果掌握正确的方法，可以**逐步**掌握这项本领。这里的关键是，人怎么**逐步**掌握游泳本领。我借助数字模拟一下整个过程：人学习游泳的时候，观察和模仿教练的姿势，开始的时候每做10次动作，10次都错误；继续观察和模仿并获得反馈，然后每做10次动作，9次错误，1次正确；继续观察和模仿并获得反馈，每做10次动作，8次错误，2次正确，以此类推，直至10次动作，10次都正确。这个过程不会一帆风顺，中间会有后退、反复，都很正常，只要趋势正确就可以。人掌握一项技能不容易，需要大量反复练习，直至生成"肌肉记忆"才叫真正掌握了一项技能。好消息是，人一旦掌握了某种能力就不会轻易失去。"肌肉记忆"生成慢，消失也慢，所以能力是可以被长期复用的。

但是，想要借由"能力复用"获得巨大培训收益有一个前提，就是培训真的要能改变学员的行为，让学员实实在在地掌握某种能力！一场培训能做到什么程度？怎么做才能让学员真正掌握某种能力？回到前面游泳的例子，我类比回答这个问题。一场培训能帮助学员实现从 0 到 1 的突破，即从"10 次动作 0 次正确"到"10 次动作 1 次正确"。训后的跟进计划（包括辅导、实践等）是帮助学员实现从 1 到 10 的关键，即从"10 次动作 1 次正确"到"10 次动作 10 次正确"，正所谓"师父领进门，修行在个人"。

小 结

1. 企业的本质是经济组织，其根本目的是营利。

2. 企业培训的本质是企业的一种经营手段。

3. 经营手段需要考虑性价比。

4. 培训这种经营手段的成本确实很高。

5. 培训这种经营手段的收益可以非常高但是有条件。

　　① 收益可以非常高的原因是能力复用效应。

　　② 条件是培训必须帮助学员实现从 0 到 1 的突破。

6. 企业培训的唯一出路是"每战必胜"。

7. 一场培训"胜"的标准是各方满意。

8. 培训的满意度＝培训性价比的现状评估／培训性价比的预期值。

9. "每战必胜"的一条捷径是：除非别无选择，否则只打有把握的仗。

第2节
理解学习的本质，让培训更有成效

企业培训是一种学习活动，那么什么是学习？

关于"学习"的理论有很多，我看到过一个非常精致的定义：**学习是人适应环境的过程**。下面说说我的理解。

① 人总是存在于某种环境中，没有人生活在真空中。

② 人总要解决生存问题。人首先要设法让自己活下来，然后再设法让自己活得好一些。

③ 人所生存的环境在一刻不停地发生着变化。因此，人的一生总是在不断调整自己的行为以适应不断变化的环境，来让自己能够生存得久一点、好一点。

④ 人只要脱离母体，就开始了学习之旅。比如婴儿很快学会了通过哭泣与周围人沟通，来满足自己各方面的需求。

结论：一个人从降临这个世界的那一刻就开始为了生存而不停调整自己行为的过程，就是学习。

基于以上理解，我认为"学习"的本质属性有两条。

第一条，"学习"是人的本能，是每个人与生俱来的能力。人能在大自然众多的物种中，通过残酷的生存竞赛胜出，一个主要原因应该就是人具备学习能力，表现为人适应环境的能力。

这条本质属性对于内训师来讲意味着内训师在开发课程、交付课程的时候要设法激发学员学习的本能，而不是压制学员的本能。怎么激发本能？为学员设置挑战，把学员置身于解决问题的场景中，鼓励学员探索各种解决问题的方法。

第二条，"学习"是人的高度自主行为，这个过程别人无法替代，只能由当事人自己完成。这意味着，只有当事人自觉、主动地学习，学习才能发生，否则，学习不会发生。

如果一个人想学习，他可以通过看书、上课、看视频、听别人讲故事、自己动手实践、冥想等手段来进行学习，即只要一个人想学习，他可以随时随地学习，学习的手段近乎无穷多种。反之，如果一个人不想学习，外界环境即使给他配备最好的老师、书籍、场地等条件，他的学习效果也根本无法保证。企业的 HR 有时为保证培训的出勤率，会动用一些行政命令手段，学员们虽然大多会准时出现在培训场地，但是培训效果仍然难以保证，因为学员们如果不想参加培训，即使身体来到了培训现场也没有什么意义。我经常提醒管理者们注意，在学习这个问题上，即在组织员工参加培训这个问题上，万万不能单纯地使用强制手段，因为学习是高度自主的行为。那么，学习的这条本质属性对于内训师来讲，又意味着什么呢？

它意味着培训的整个过程都不能强迫学员学习，只能引导学员发生学习行为。具体怎么做？秘诀是：**伴随整个课程持续地激发学习兴趣**。有了这个理念，就一定会倒逼着内训师站在学员角度思考问题，思考学员所面临的真实应用场景，真正理解学员的需求、兴趣点，最终有的放矢地开发课程、交付课程。了解了学习的两条本质属性之后，我们再来看看学习的具体过程是怎样的。

经典理论通常把学习过程解释为五个阶段，循环发生，构成一个学习螺旋。

①产生兴趣。一个人头脑中的学习行为总是被兴趣触发，而兴趣来自人对外界事物的感知。

②收集信息。当一个人对某种外界事物产生了兴趣，则会主动收集各种相关信息。

③加工信息。随着相关信息不断被汇总到大脑，人开始处理、加工所收集到的信息。

④得出结论。随着不断地收集、加工信息，人终于得出了某个结论。

⑤采取行动。当人得出结论的时候，便开始采取行动来验证结论。

当人采取行动之后，引发了新的状况，会再次激起人的兴趣，于是人又开启了新一轮的学习之旅。上述五步构成了学习之环，每转动一圈，人就可以多学习到一些东西。从这个角度来说，老师的工作就是推动学生的这个学习之环，使其持续地转动，构成学习螺旋。

以上对于"学习"概念的认知，构成了我的课程开发、课程交付、内训师辅导三套方法论的理论源泉。

本节要讨论的最后一个问题是，培训与学习之间是什么关系？

学习是培训的目的，培训是学习的手段。如果培训项目的策划科学合理，培训课程的设计精准有效，理性地看，参加培训是员工学习和成长的一条捷径，是员工提升职场竞争力的首选手段。培训完全可以成为联结企业与员工并实现二者双赢的一种非常有意义的学习活动。

小 结

1. 学习，是人适应环境的过程。

2. 学习有两条本质属性：人的高度自主行为；人的本能。

3. 培训师应关注的是：持续激发学员的学习兴趣。

4. 学习螺旋：产生兴趣；收集信息；加工信息；得出结论；采取行动。

5. 培训与学习的关系是：手段和目的。

第 3 节
重新定义企业内训师，让职业标准更清晰

什么是企业内训师？

企业内训师是指，针对企业所遇到的、有一定代表性的问题，参与策划培训项目，开发并负责交付相应培训课程，以促进问题解决的企业内部人员。

从这个定义出发，企业内训师有以下几层含义。

（1）问题导向。

企业内训师这个角色不是无中生有的，而是因问题而生的。这个问题不是发生在个别人身上的，而是发生在一部分人中的，即问题具有一定代表性。

（2）参与培训项目的策划。

每一次培训，无论课时长短，哪怕是一个小时的课程，其实都是一个培训项目，都是一个系统工程。内训师负责执行这个系统工程中最核心的环节——授课，因此有必要了解、参与策划整个培训项目，以真正理解培训项目的本质。只有这样，内训师才能对课程做出最匹配项目宗旨的定制化开发，以及在授课现场做出最符合项目精神的应变和控场。

（3）开发相应的培训课程。

内训师基于对培训项目的深入理解，可以在原有成熟课程的基础上做定制化开发，也可以从零开始开发一门新课。

（4）交付培训课程。

授课过程可以大致分为：开场、破冰、导入、正文（部分一，过渡，部分二，过渡……）、总结、收尾。

（5）促进问题的解决。

企业问题的解决方式，可以粗略地分为硬和软两种类型。硬是指考核、奖惩等具有强制性的手段，是一种推力；软是指培训、会议宣贯等非强制性的手段，是一种拉力。企业问题的完美解决要靠软、硬手段的综合施策，因此，培训是不可或缺的，但也不是万能的，只能部分地解决问题，即促进问题的解决。

从企业内训师定义的五重含义来看，不难发现企业内训师的工作是一个完整的闭环，从发现问题开始，到解决问题结束。**企业内训师是一个帮助企业解决问题的人。**

那么，什么样的内训师才算是合格的内训师呢？

要想回答这个问题，单纯从企业视角理解是不够的，我们还需要结合"师"的本质特征来更全面地理解。

唐代文学家韩愈在其名篇《师说》中，对于师者给出了一个经典的诠释，"**师者，所以传道受业解惑也。**"怎么理解这句话呢？先让我们一起完整地阅读《师说》的第一段。

"古之学者必有师。师者，所以传道受业解惑也。人非生而知之者，孰能无惑？惑而不从师，其为惑也，终不解矣。生乎吾前，其闻道也固先乎吾，吾从而师之；生乎吾后，其闻道也亦先乎吾，吾从而师之。吾师道也，夫庸知其年之先后生于吾乎？是故无贵无贱，无长无少，道之所存，师之所存也。"下面分享一下我对这段话的理解。

① 人不是天生就懂得道理的，因此必然有很多困惑。

② 老师存在的目的是为人们传道、受业、解惑。

③ 解惑是解决疑惑、问题；传道是传授道理、规律；受业是教授方法、训练能力。

④ 解惑是老师存在的根本目的；传道、受业是解惑的手段。

"师"的本质是什么呢？"道之所存，师之所存也。""师"是"道"的载体，"道"通过"师"呈现在世人面前。因此，老师应该是真理的化身。

结合企业内训师的定义和《师说》中对老师的诠释，我将合格企业内训师的标准归结为以下几条。

① 掌握了企业运营中某些方面的真理性知识，即具有相关领域的丰富实践经历并积累了充足的经验。

② 善于站在企业全局经营的视角，及时发现有代表性的问题。

③ 善于利用已有知识和经验，为上述问题创建解决方案，即产出新知识，包括课件等。

④ 具有分享知识的热情。

⑤ 具有传递知识的专业素养和能力。

小结

1. 企业培训是企业的一种经营手段，旨在解决企业的某类问题。

2. 企业内训师就是帮助企业解决问题的人。

3. "师"的本质是"道"的载体。

4. 内训师要传递真理性知识，以此帮助企业解决问题。

第 4 节

企业需要内训师吗

企业合格内训师的样子已经描述清楚了，那么问题来了，企业真的需要这样的内训师吗？

这个问题其实不难回答，依据上文对内训师的介绍，只要企业遇到了需要解决的问题，而且这类问题是有一定代表性的，就需要内训师。因为问题的解决需要人的参与，而与人的行为有关的部分，内训师可以直接发挥作用。

规模小的企业通常是老板扮演内训师的角色；规模大的企业通常从员工中挑选出骨干来扮演内训师的角色。

内训师可以为企业提供多重价值。

从受训员工的角度看，内训师可以带来针对性的课程，让员工可以更快地掌握相应的知识和技能，有效解决所面临的问题，提升工作绩效和员工的满意度。

从 HR 的角度看，内训师可以开发和交付涉及企业秘密以及企业特色的课程，弥补外部培训师无法触及的领域。另外，对于同样的培训课程，如果内训师有能力交付，往往可以更贴合企业实际情况展开，内训师更能听懂学员的心声，从而可以与学员进行更有效的互动，使得培训效果更有保证。

从管理者的角度看，内训师可以为其下属员工带来针对性的课程，补充知识、提升技能、解决问题、提高工作绩效和下属员工、管理者的满意度。

从决策层的角度看，内训师可以为企业运营提供宝贵的非权威影响力。决策层推动企业运转的影响力无外乎两种：权威影响力和非权威影响力。所谓"权威影响力"是指借由命令、考核、奖惩等强硬的管理手段所获得的影响力。所谓"非权威影响力"是指借由培训、研讨、沟通等柔和的管理手段所获得的影响力。

随着互联网的兴起，每个人的个性得到了更大程度的释放，自由、平等的观念更加深入人心。在这种时代背景下，那些强硬的管理手段越来越显得笨拙和效率低下；同时那些柔和的管理手段，因为直指人心却不会过时，反而显得更有影响力。内训师可以通过培训为广大员工消除分歧、凝聚共识、描绘企业蓝图、激发奋斗梦想。这种非权威影响力价值巨大、不可替代。

另外，培训还可以帮助企业进行知识管理。华为轮值CEO徐直军说过，企业最大的浪费就是经验的浪费。一个关键岗位往往需要3～5年甚至更长时间，才可能培养出一名合格的从业者。他会犯各种错误，企业为他交足各种"学费"，这是一笔巨大的成本。因此，他有责任把各种做对的事和做错的事都总结成经验教训，以培训课件等形式留存下来，以鉴来者。内训师是知识管理的排头兵。

更进一步，决策层如果能把全体骨干员工乃至全体员工都调动起来，让每位员工都成为内训师，总结所有的经验教训，将之沉淀为课件等形式，那么企业将收获一座无价的知识宝藏。这是TTT项目能带给企业的独一无二的巨大价值。

另外，从财务的角度看，内训师的存在还可以降低培训费用支出，改善企业财务状况。

从内训师本人的角度看，可谓是被动收益颇丰。由于要开发课件和交付课程，内训师不得不在自己擅长的领域"百尺竿头更进一步"，更加深入地研究、精进，以输出高质量的课件内容。在这个课程开发的过程中，内训师是最大的受益者。课程交付过程也是同理，我经常对我的学生讲："你交付了一场培训，结束后我要问你的第一个问题是，你有没有学到东西。如果你的回答是没有，那么这次培训是失败的，因为这样的培训无法持续地做下去。"

怎么才能确保培训师在一场培训中有收获？根本途径是课程形式必须设计成**互动式**，而绝不能是填鸭式、灌输式。我的方法论的指导思想是：**每一次培训都一定以学员为中心，同时也要让培训师获得真实收益，力求成为最大的受益者**。为什么？因为**培训师是一场培训的"引擎"**。引擎本身需要足够的动力，如果"引擎"的收益最大，那么就意味着其动力最强，由此带给学员的价值也一定最大。

综上，内训师对企业的价值有很多，覆盖多个方面，不可或缺。

那么，企业是否要启动 TTT 项目呢？判断是否采用一种经营手段的最基本的依据是性价比。启动 TTT 项目的成本大致包括以下两个部分。

① 直接成本，包括外请师资的费用、员工参训的机会成本、场地物料等费用。

② 间接成本，包括 TTT 项目的立项、执行、评估等过程的沟通成本，以及外请师资、内部执行的风险成本等。

直接成本很容易测算，不必赘述。间接成本中"外请师资"的风险成本主要取决于甲方（指客户）企业的培训鉴赏水平，也是其培训成熟度的一个重要方面。**间接成本中的沟通成本和内部执行的风险成本是 TTT 项目成本的主要组成部分，是 TTT 项目能否启动以及**

何时启动的决定性因素。

如果企业内部的沟通成本过高,各方对于TTT项目的意义、目标、措施等方面迟迟达不成共识,那么TTT项目不宜启动;如果内部执行力度不足,各种举措无法保证落实,那么TTT项目同样不宜启动。

小 结

1. 企业需要内训师,因为总有很多问题要解决,而问题都离不开人的参与,解决人的问题离不开内训师。

2. 内训师可以为企业中的多个利益相关方提供价值,包括员工、管理层、HR、决策层等。

3. 企业是否启动内训师培养项目(即TTT项目)取决于对成本的评估。其中的间接成本,即内部沟通与执行方面的成本,经常起到决定性作用。

第 5 节

员工想要成为内训师吗

一个人行为的动力来源,通常可以用四个字高度概括:趋利避害。企业员工是否想要成为内训师?

1. 站在员工的角度,分析成为内训师的利弊

(1)员工成为内训师的益处。

①常言道"教是最好的学"。员工成为内训师对自身的学习和成长帮助很大。成为内训师意味着要开发课程,也就意味着要整理和萃取相关课题的专业知识,以形成某些理论、方法。这对于提升员工自身的专业水准、理论水平帮助很大。**成为内训师是员工获得自身快速成长的一条捷径。**

②成为内训师意味着要站到讲台上"传道受业",意味着必须要通过接受训练、亲身实践等手段,习得"传"和"受"的能力。这种能力是一种影响力,对于提升内训师员工的存在感、价值感帮助很大。这种能力也是一种领导力,对于提升其管理能力、助力其成为更高层级、更加优秀的领导者帮助很大。这种能力还是一种沟通能力,

对于改善其家庭关系同样帮助很大。

③成为内训师意味着经常有机会在企业平台上展现身影：一方面，内训师员工参与企业平台的建设，对企业的贡献更大；另一方面，内训师员工必然更多地呈现在企业决策层的视野范围内，这将助力其职业发展。我的学生中借助内训师身份，通过经常讲课、增加曝光率，使得职业发展更加顺利的例子非常多。

④成为内训师意味着该员工具有被企业认可的"一技之长"，其完全可以在授课之余，在日常工作中为部门同事以及跨部门团队提供相关课题的智力支持，从而改善周边人际关系。

⑤成为内训师意味着该员工掌握了课程开发和课程交付的能力，这种能力可以拓展员工的职业发展方向，很多职业培训师都是从企业内部培训师成长、发展而来。

谈完益处，再来看看员工成为内训师有哪些坏处，或者说有哪些顾虑。

（2）员工成为内训师的顾虑。

①如果所开发的课程质量不高或讲课质量不高，会影响培训效果，这是我在培训现场听到最多的一条顾虑。每次听到这类顾虑时，我总是很欣慰，因为这类顾虑体现了一种负责任的态度，这种态度恰恰是未来提高内训师授课成功率的基本保证。解决这个顾虑的办法是：**选择真正专业的 TTT 导师，学习靠谱的方法论，多加练习**。

②精力占用问题。员工为了成为内训师要开发课程、打磨课程、试讲课程以及正式地交付课程等，都要花费精力。这部分精力如果用工作中的精力来填补，势必会影响工作绩效；如果用生活中的精力来填补，势必又会影响一些生活质量。

对于精力占用问题，企业通常会做出一定的考虑，比如将 TTT 项目的培训时间、内训师打磨课程（试讲等）的时间安排在工作日而不是休息日。这些措施会解决一部分精力占用问题，但是通常无法完全解决，最终需要员工拿出一部分额外的精力来投入 TTT 项目，这部分额外精力是员工参加 TTT 项目的成本。作为内训师备选对象的员工，确实需要考虑占用这部分精力是否值得，其实这也属于性价比问题。

占用精力的成本是比较容易估算的，比如要投入多少小时，预估成本的计算相对客观。但是预估收益的计算却非常主观，与个人的主观认知水平以及价值观高度相关。因而对收益的评估"仁者见仁、智者见智"。

比如，一个员工如果对学习和成长非常看重，那么其成为内训师的收益必将被评估得很高，做这件事的性价比就会非常高，该员工参与 TTT 项目的动力就会很强。反之，如果员工对学习和成长没那么看重，认为可有可无，那么其成为内训师的收益评估必然不高，做这件事的性价比就会很低。

收益的评估还与企业所营造的职场环境有关。比如企业倡导学习型组织，推崇"尊师重教"的文化，给予内训师物质和精神奖励，这些举措都在加大员工成为内训师的收益，必将激励更多的员工参与到培养内训师队伍中来。

我认为，**企业的每位员工都应该成为内训师**，最根本的一条原因是，**成为内训师本质上是员工获得自身快速成长的捷径**。成为内训师，益处多多；无缘内训师，损失多多。

2. 每位员工都可以成为内训师

诚然，企业中的管理者或骨干员工成为内训师的机会大一些。但是我认为，**每位员工都可以成为内训师**。为什么这样说？我的这个结论主要受到得到高研院、费曼学习法的影响。

得到高研院的一个基本理念是，来自各行各业的每一位得到同学都可以交付一门自己领域的课程，只要经过必要的萃取和打磨。企业中的每一位员工也是如此，只要认真工作，总有可以总结的经验和教训，而这些经验和教训都可以成为培训课程。

费曼学习法的一个理念曾经给我很大的震撼，即**无须谦虚，每个人都可以生产知识**。这涉及对于知识的理解，什么是知识？不是只有牛顿定律叫知识，"如何做好西红柿炒鸡蛋"也是知识。我的理解是：**知识是能解决问题的信息**。以此类推，"如何开好班组会""如何打磨轴承""如何做好月度总结"等都是知识。因此，企业中的每位员工，无论职位高低，只要认真工作、认真反思，就一定可以总结出某些经验。这些经验就是能解决问题的信息，就是知识，都可以用课程的方式呈现出来。

每个人只要认真生活，总有好玩的经验值得分享。企业员工成为内训师也是同理，只要认真工作，总有有效的经验可以分享。

知识无处不在；同时，知识无时无刻不在被人们创造着、生产着。企业的竞争力从某种意义上来说，取决于全体员工吸收知识、运用知识、生产知识、传播知识的能力。**从这个角度看，每位员工都应该成为内训师**。

一个企业中，从企业价值最大化的角度看，谁最应该成为内训师呢？

3. CEO 最应该成为内训师

CEO 的时间成本通常是企业中最高的。请 CEO 做内训师是不是很奢侈？这同样是一个性价比问题，成本确实很高，关键看收益大小。如果请 CEO 去培训一些可替代性很高的课题，比如出勤制度，显然是不划算的。但是如果请 CEO 去培训一些具有不可替代性的课题，价值可能大到难以估量，比如企业文化、企业愿景和战略。所以结论是，只要给 CEO 匹配合适的课题，他就应该成为内训师。理由如下。

① 未来企业的竞争会越来越多地依赖于企业知识的生产、传播。

② 内训师团队是企业知识生产、传播的主力军。

③ CEO 成为内训师将极大地激励整个内训师团队，让企业的每位内训师更快速地成长，更高效地生产知识、传播知识，从而让企业更具有竞争力。

综上，CEO 最应该成为内训师，而且要率先成为内训师。CEO 越早成为内训师，"上行下效"的规律就可以越早地发挥作用，企业内部的学习氛围就可以越快形成，内训师培养工作就可以越有力地推进。

企业内训师怎么产生呢？先要产生候选人。

4. 企业内训师候选人的产生

产生企业内训师候选人主要包括两个步骤。

① 企业确定 TTT 项目方案，发布宣传广告，招募内训师候选人。

② 征集到足够多的候选人后，通过一系列程序筛选出合格的候选人。筛选标准可以参考前文的"合格内训师的标准"。

小 结

1. 员工成为内训师益处多多，最根本的一条是成为内训师是员工迅速成长的捷径。

2. 员工成为内训师的顾虑主要有两个：担心做不好；不好判断精力投入是否划算。第一个顾虑相对好解决，找到好的导师，勤学苦练即可。第二个顾虑情有可原，但是能否解决主要看个人的价值偏好，即对于学习和成长的重视程度如何。

3. 每位员工都可以成为内训师，因为只要认真工作，总有经验教训可以总结和沉淀。每位员工都应该成为内训师，因为企业的核心竞争力越来越多地取决于全体员工知识生产和传播的能力。

4. 企业的CEO最应该成为内训师，而且越早越好，因为有些课程非CEO莫属且收益难以估量，还因为上行下效，对全体内训师的激励作用巨大。

第二章　企业如何培养内训师

TWO

关于"企业如何培养内训师"这个问题，我从企业的角度来梳理一下思路。

　　企业是否需要内训师？答案通常是需要。是否要培养内训师？这个问题主要取决于企业自身的条件，包括培训方面的成熟度和运营体系的执行力。如果不具备条件，可以考虑外请培训师授课等替代措施；如果具备条件，可以考虑确立 TTT 项目来培养内训师。这里最麻烦的情况是，企业明明不具备开展 TTT 项目的条件而硬要做、为做而做，其结果不虎头蛇尾才怪。

第1节
TTT项目为什么经常是虎头蛇尾

现实中，我时常会遇到这样的情况：企业仿佛追求时尚一样，匆匆忙忙上马内训师项目，投入不少资源，效果平平，最后不了了之。

来看一个典型案例。

某航运企业隶属于大型企业集团KK。一天，其HR王小姐联系到我，"高老师，听说你在TTT方面很有经验，想请教一下。""谢谢你，你们的需求是什么？""是这样的，这个需求是我们领导赵SIR提出来的，你把大纲先发给我，我转给他看看，然后咱们再沟通，好吗？""我这里没搞清楚需求，一般不发大纲的。""您是我们集团张SIR推荐的，我们久仰您的大名，最近很多兄弟单位都在搞TTT，领导可能不大了解情况，让他先看一看吧。""那好吧。"我的心头有一种不好的预感。

KK是我的老客户，集团的HR很专业、很尽责、很努力。该企业作为其三级公司，专业度显然低了很多，开场几句话已见分晓。一周后，王小姐再次致电我，"领导看了您的大纲，说太简单了，希望您补充和完善一下。""你们的需求是什么呢？大纲的哪个部分需要补充和完善？""这个赵 SIR 没说。对了，这次我们估计有 60 人参加。"

我吃了一惊，回应道："你知道，我和你们集团合作多年，咱们双方的信任度是很高的。恕我直言，你们集团组织的 TTT 项目一般都是十几人，最多也不会超过 25 人，你们可以去了解一下。""我们和集团不一样，我们几年搞一次，领导也是想着难得搞一次，让大家都来听听，麻烦您就修改一下吧。"

至此，我的判断是：这个项目很麻烦，即使成功签约，后面执行起来也将很困难。因为客户的培训成熟度太低了。如果是没有交情的客户，我就立刻止损了。但是该企业又是老客户介绍过来的，没办法，我只能硬着头皮填充大纲。不过，一个正面的念头浮现出来了：客户的成熟度越低，我越要努力做进去，因为只有做进去，才有机会影响他们，让他们变得好一点。这就像家长帮助孩子管理手机游戏，总是要先了解游戏、建立共同语言，才有可能施加影响。

王小姐第三次致电我，"高老师，您建议的先上两天'课程开发'，后上两天'课程交付'，我们领导认为没必要，讲讲授课技巧就行了。一天时间，上一下授课技巧怎么样？领导们时间很紧。"我无语了，思想斗争了几秒钟，想到了"治病救人"这四个字，我最后说："一天时间也可以。不过，上午半天还是要讲一下基本的 TTT 理念和基础概念以及课程开发的原理；下午半天，针对授课技巧部分，以练代讲，边实战演练边辅导点评。时间压缩到一天，只能这样做了。这个结构不能再变了，如果改变，我确实没有能力交付这个项目，要麻烦你们另外寻找培训师了。""好的，高老师，我请示一下。"王小姐之后再也没联系过我。

我后来了解到，该企业最后 60 人开班了，据说请到了业内

"大咖",效果不详,内训师团队也随之产生了,然后每个内训师开始走上讲台。但是几场课程下来,内训师们似乎较为一致地陷入了"业务繁忙状态",都是"有心无力"。接下来,课程越开越少,渐渐回归到了开展内训师项目之前的状态。企业内也没有人再提起内训师这个事情了,一切回归平静,仿佛什么也没有发生。

类似的故事每年都在企业界上演。下面,我们来剖析一下这个案例。

1. 三个浅层原因

(1)企业没有搞清楚自己的培训需求。

对方与我沟通几次,尽管我反复追问,对方始终没有回答需求问题。对方大概率是没做培训需求调查,根本不清楚自己的培训需求。一个培训项目如果没有明确的需求作为项目目标,对项目进行引领,那么这个项目的失败几乎是必然的。企业要谨记:没有调查就没有发言权。

(2)人云亦云。

每家企业的情况都不一样。"跟风"的行为看似省时、省力、风险小,实质是奉行了机会主义,其结果总是可悲的。一方面,大概率来讲,机会主义不会得到好的结果;另一方面,即使拿到好的结果,因为知其然不知其所以然,所以好的结果也没有太大的意义。案例企业就是看到了周围兄弟公司都在做TTT项目而不假思索、盲目跟进的。

(3)自以为是。

甲方(指客户)在自己不专业的情况下,不愿意承认自己不专业，而根据自己的臆想，在关键环节上不听从乙方（指供应商）的专业建议，一意孤行；在非关键环节上各种"神操作"，消耗甲、乙双方的精力。遇到自以为是的甲方，我通常都选择离开。因为傲慢这个病，别人治不了，只能靠"南墙"来医治，所谓"不撞南墙不回头"。

很多TTT项目的生命周期都是从几个月到一两年，很短暂。该企业案例就是这类TTT项目的一个典型代表。

2. 三个深层原因

① 企业决策层对于TTT项目的意义和定位不清晰。

② 企业执行层，包括HR等中层管理部门对于TTT项目的意义和定位不清晰或无法影响决策层改变认知。

③ 内训师没有得到真正的成长，无法保证每次交付都能取得满意的效果。

对于第一个方面，现实情况是外企或跨国企业中，多数企业的决策层能认可TTT项目的意义和定位，从而给予坚定支持；国企或民企中，由于其培训成熟度参差不齐，企业决策层时常难以理解和接受TTT项目的意义和定位，难以给予坚定支持。上面案例企业的决策层显然不清楚TTT项目的意义和定位。

关于第二个方面的现状是，HR部门的培训成熟度通常是尚可的，但是能否影响决策层改变认知就不一定了。只有少量的HR部门有勇气、有方法影响决策层改变决策，确保项目运行在正确的轨道上，最终用项目成果来帮助决策层改变认知、获得成长。大多数HR部门碍于高层的不当认知而不敢按照专业的思路执行培训项目，其结果一般都不好。培训效果不好，HR难辞其咎，因为高层的一句话就会怼得

HR哑口无言："我要是那么专业，还要你们干什么？"

这个道理不难理解，但是做到却不容易，关键还是要看是否获得过成功体验。我经历过很多培训项目，成功的、失败的都有，对比之下，才坚定了正确的信念，其实就是四个字——"实事求是"。我是乙方，经常会遇到不专业的甲方，年轻时经验不足，怕得罪甲方，因此会迁就甲方，按照不专业的思路来执行项目。结果可想而知，最终也无法获得甲方的满意。相反，这种情况下，如果我可以温和而坚定地表达观点，说服甲方采取正确做法，直至取得满意结果，最终我可以赢得甲方的认可和信任。**顶住短期压力、按照正确信念做事，长期压力才会小；逃避短期压力、罔顾对错，其实是把压力和风险转移给了长期。**

关于执行层能否影响决策层这个问题，如果再深挖一层，我们可以看到决策者和执行者之间的信任问题，包括两个方面：决策者能否信任执行者的专业能力；执行者能否信任决策者的胸怀和品德。

维持信任通常靠"听话照做"就行了，而想要增加信任，往往意味着承担一定的风险。突破决策者的认知范围，获得暂时的、有期限的支持，借此努力工作收获成果，才可以最终增加信任。上文案例企业的HR和决策层之间信任度不高，决策层信不过HR的专业度，不放权；HR信不过决策层的品德，只能事事请示、唯命是从。

第三个方面也很重要。上文案例企业培养出来的那批内训师为什么上了一两次课之后，就忽然间都"特别繁忙"起来了？因为内训师能力不足会导致课程交付无法持续。

一方面，内训师付出了时间、精力、体力，但是如果内训师能力不足，导致课程效果不好、学员不满意，内训师的自信心会遭到巨大的打击，为下一次培训平添了心理障碍，甚至直接导致其退出内训师队伍。另一方面，受训学员如果体验不佳，很快就会有很多潜在学员了解到这个情况，开始有意或无意地排斥后面的培训，从而为 HR 组织下一场培训带来难度。通常，培训越难组织，HR 越不敢对学员提出纪律要求。然而，如果学员参加培训时没有明确收到来自官方的纪律要求，则现场秩序更容易混乱（比如进进出出、看手机、接打电话），从而增加了课程交付的难度，培训效果更难保证。

这个时候，就需要找到真正优质的外部培训资源（即经过市场检验的优秀 TTT 培训师），并且需要提供相对充足的培训预算来支持 TTT 项目的跟进和落地。我曾经问合作了 10 年的客户，"你们接触过各种各样的 TTT 老师，为何还是选择找我来做 TTT 项目呢？"

其中一位伙伴的回答是："您的方法论背后的核心理念，我们特别认可。比如，**关注企业问题的整体解决**，强调课程开发要输出课件和管理建议。再比如，**以终为始、以学员为中心、快乐就是硬道理。**"另一位伙伴的回答是："您的这两套方法论——课程开发和课程交付，**简单好用**，比市面上那些看起来'高大上'的方法论更有实效。"客户的眼睛是雪亮的。

小 结

企业内训师培养项目常常遭遇困境，其深层原因常常可以归结为三个方面。

① 决策层对于内训师培养项目的认知不当。

② 执行层无力影响决策层改变认知。

③ 所培养的内训师能力不达标。

第 2 节

找准定位，TTT 项目手到擒来

对于培训成熟度比较高的企业，每年年底，HR 部门都会调研培训需求，确定来年的各种培训项目。由于企业的培训预算总是有限的，不同的培训项目需要被划分为不同的优先级，以便于预算的有效分配。这就涉及培训项目的定位问题，TTT 项目常常被混于其他常规培训项目之中而错失了应有的定位。

"二八定律"是企业管理领域为数不多的被广泛认可的法则。比如企业 80% 的收入是由 20% 的客户贡献的；80% 的客户掌握在 20% 的销售员手中。以此类推，80% 的培训项目仅决定总体培训价值的 20%。这 80% 的培训项目，我称之为"战术级"培训项目，是指影响范围有限、影响程度一般的项目，比如职业技能培训、班组长培训、新员工培训。

另外 20% 的培训项目，我称之为"战略级"培训项目，是指涉及范围广泛、影响深远的项目，比如高管领导力、战略管理、TTT，这些培训项目将决定总体培训价值的 80%。TTT 项目为什么被我归入了战略级培训项目？至少有以下三个方面的原因。

① 企业中各个层级、各个维度的员工每时每刻都在生产着新知

识，涉及范围广泛，因此需要内训师团队来总结经验，沉淀出课程。

②一门好的课程可以影响一批又一批的员工，理论上讲，这种影响是无穷无尽的。我借用"摇钱树"做个类比，每位内训师就像企业内部某些知识的"摇钱树"，可以源源不断地产出知识，即持续地开发、升级迭代课程。

③企业的原材料、设备、电力、人工等全部物质资源都要依赖知识作为催化剂而整合起来，最终变成生产力，变成企业的核心竞争力。没有知识作为催化剂来整合各种物质资源，就无法形成生产力，企业也不可能产生竞争力。而内训师是这种催化剂（知识）的生产者，其重要性不言自明。

综上，内训师培养项目，即TTT项目一定是战略级的培训项目。

这样的定位意味着什么呢？或者说未来执行中，具体如何来验证这个定位是否得到落实呢？

验证标准可以参考下面几条。

①在当前阶段企业级的重要会议（比如经营分析会）上，有没有被提及。

②有没有明确的企业级的管理者为这个项目站台。

③有没有充裕的预算来支持这个项目。

④与其他项目或工作有冲突时，是否享有优先权。

获得正确的定位，即"战略级"培训项目的定位，是TTT项目获得成功的根本保证。

小 结

1. 企业内部的培训项目有很多，由于预算总是有限的，所以各种培训项目必须要根据重要性区分优先级，以确保"好钢用在刀刃上"。

2. TTT项目不能混于普通的战术级项目中，需要明确定性为战略级培训项目，即高度优先的培训项目，因为TTT项目涉及范围广、影响持续时间久、直接影响到企业的核心竞争力。

第 3 节

TTT 项目总体设计，共识是基础

TTT 培训项目的战略级定位明确后，项目的总体设计就有了基本的依据。对于战略级培训项目的设计，企业通常都有较为丰富的经验和某些特定的操作习惯。对于 TTT 培训项目的设计，我强调以下几点。

1. 提高决策层对于 TTT 项目的共识程度

（1）对什么达成共识？

①TTT 项目的意义、重要性。

②TTT 项目的目标，比如最终的产出是什么，分几个阶段进行，每个阶段产出什么样的具体结果。

③TTT 项目的分工，比如项目推进过程中，不同阶段下、不同利益相关方的具体分工。

④TTT 项目的预算。

⑤内训师候选人的选拔标准以及筛选机制。

⑥内训师合格、优秀以及卓越的标准等。

其中，对 TTT 项目重要性的共识最为关键。

（2）如何提高共识？

TTT 项目最终执行的效果如何，在很大程度上取决于决策层对于该项目重要性的共识程度。须知：**共识决定执行；共识的强度决定执行的力度**。那么，如何提高决策层的共识度呢？

战略级项目通常有一个特点，即总是要在信息不充分的情况下对未来趋势进行研判并做出决策。这种特点决定了决策层无法单纯依靠事实和数据进行判断，必须在更大程度上依赖每位决策者的经验和直觉来进行分析和判断。因此，战略级项目取得决策层的高度共识很不容易。有人可能想到了投票法，这种方法怎么样呢？

它的好处是节约时间，效率高，可以迅速看出支持和反对的人数以及占比；坏处是无法解决分歧，而且经常会加深矛盾与隔阂以及为后续的执行埋下隐患。因此，决策过程中只要时间允许，一般不建议使用投票法。那么，怎么提高共识度呢？我推荐以下几种做法。

① 会前每位与会者做足"功课"，即对所要讨论的话题进行充分的准备。

② 营造开放、安全的会议讨论氛围，让每位与会者放下顾虑，可以畅所欲言。

③ 最高级领导者设法确立重要的会议理念，包括对事不对人、企业利益至上、平等、包容等，并且身体力行、率先垂范。

④ 聘请具备高效引导能力的专业技术人员，担纲会议主持，确保会议进程的科学、顺畅以及与会者的有效参与。

⑤ 越重要的会议需要分配越多的会议时间。

⑥ 投票法可用于所有与会者已经充分表达观点，且对于事实和各种观点已经没有歧义的情况下。

2. 提高各层级经理人员对于 TTT 项目的支持力度

这种支持主要表现在经理对于下级员工参加 TTT 项目的态度，包括批准其参加专题培训、课件打磨活动、试讲活动，允许其占用一些工作时间从事与 TTT 项目相关的活动，以及在 TTT 项目执行期间适当减轻员工的工作负担等。由于 TTT 项目一般不会列入 KPI 考核范围，如果经理只关注自己部门的 KPI 能否达成，那么对于 TTT 项目的支持力度必然存疑，这是考验经理大局观的时候。

下属员工如果能有幸入围企业的 TTT 项目，这意味着该员工将有机会为企业的整体竞争力提升做出贡献，这是一件意义深远的大事，既是该员工的光荣，也是该员工所在部门的光荣。一个部门如果能为企业输出几位内训师，那么这个部门对于整个企业的影响力一定大大增加。支持下属员工参加 TTT 项目是经理人的明智之举。

3. 为内训师设计完整的发展周期

任何事物总有自己的生命周期。一名员工从入职到离开一家企业也会经历一个周期，内训师也是如此。因此，TTT 项目的策划者需要为内训师设计一个完整的发展周期，大致包括以下几个阶段。

① 预备阶段。
② 成为初级内训师。
③ 成为中级内训师。
④ 成为高级内训师。
⑤ 成为专家内训师。
⑥ 退出机制。

这个发展周期带给内训师最大的价值是一份确定感，确定感可以提升安全感，人是最需要安全感的。所以当企业员工看到一份完整的内训师发展周期表的时候，同等情况下，这位员工会更倾向于选择成为一名内训师。

4. 企业要为内训师提供系统性支撑

TTT项目的总体设计除了需要高度关注之前所提到的那些方面以外，还要注意为内训师提供具体的、系统性的支持。

①为内训师开放相关文件、文档、数据的收集渠道，如有需要，签署保密协议。

②为内训师开放调研、访谈渠道，提请相关人员抽出一定时间配合内训师工作，如有需要，签署保密协议。

③物色优秀的外部导师，在课程开发、课程交付等专业能力方面为内训师赋能。

④为内训师提供内部导师或外部教练，为其日常工作答疑解惑。

⑤为内训师提供必要的课程经费，用于购买课程所需道具、物料、激励学员所用的奖品等物资。

⑥为内训师打磨课程提供人员、场地、经费等支持。

⑦为每位内训师的首秀提供一条龙定制化支持。

⑧协助内训师完成课后效果追踪等后续跟进工作。

⑨鼓励并协助内训师完成课程成果的内部及外部的分享与传播。

⑩为内训师设计有效的激励机制。

下面，我讲述一个真实的故事，重点分享TTT项目的总体设计和执行方面的情况。

2015年秋，我接到一个TTT需求，一家大型企业A要培训一批内训师，同时要开发出一门课程。A客户对于这个TTT项目的产出物非常看重，包括一门课程和有能力交付这门课程的一批内训师。

项目的背景大致是这样的：前段时间，A企业的上级母公司对下属各公司进行了客户服务质量的摸底调查，A企业评分不理想。A企业的决策层判断问题主要出在一线客户服务人员的服务能力不足上，因此责令HR部门迅速补齐能力短板。HR部门经过研究决定要开发一门适合自己公司的客户服务课程，以及培养一批内训师面向全辖两万多名员工覆盖这门课程。

开始接触的时候，客户问我需要几天时间来实现其培训目标。我综合考虑各种因素，提出"五天四晚"——"课程开发"+"课程交付"的培训方案，着重指出A企业需要选派最懂客户服务的骨干人员参加本项目。客户同意了我的方案，并派出两名HR主管全程录像并做现场支持，其中一名具有PPT制作以及电脑操作方面的特长。

客户为我们一行十九人预订了周一到周五共五天四晚的培训教室和宿舍，我们进入了封闭培训状态。周二下午，A企业的HR部门副总经理来到现场观摩培训情况。周四上午，A企业分管HR的副总经理来到现场观摩培训情况。周五下午，在A企业总部大楼，我为A企业总部各部门领导班子成员科普TTT方法论，介绍开发的"客户服务"课程，并让十二名内训师进行现场汇报表演。最后，由A企业的公司领导进行结训总结并启动"客户服务"课程的全员轮训计划。

周五的这个下午既是一个结束，又是一个开始。接下来的半年时间里，HR部门为每位内训师安排了少则十几场、多则几十场的"客户服务"课程培训。每一场培训，无论课前、课中、课后，HR部门都在原则上始终严格遵循我所提出的要求；同时在实操上结合企业和学员特点进行创造性的工作，确保培训目标的达成。

举个例子，我要求每场培训的参训学员必须对课程有所准备，不可以在没有准备的情况下参加培训，具体做法可以是课前下发培

第二章 | 企业如何培养内训师

训资料、组织笔试等。A企业的HR伙伴们在每场培训前提前两周下发学习资料，提前一周组织笔试，现场分A、B组间隔进行考试，考试合格的同事有资格参加面授培训，不合格的需要参加补考，直到合格才能获取参训资格。这是训前学员方面的准备工作，内训师方面也有很多准备工作。

我和内训师们有个微信群，从那个周五下午总结会结束之刻起，这个群就活跃起来了。每位内训师上场前，无论是自己的课件方面，还是心态、技能方面总有各种各样的问题，不一而足。这些问题都是高度个性化的，没法通过统一的一次培训来解决，唯一的办法就是"教练式辅导"。我就是他们每个人二十四小时全天候的线上教练，无论他们身处何方，我都可以随时支援他们。这让他们很安心，可以更勇敢地面对培训中的各种挑战。我当时选择这样做，有一个直接的目标，就是确保他们每位内训师"首战必胜"，因为这件事关乎他们后续的持续成长。

经过各方的精诚合作，可谓是"有志者事竟成"，"客户服务"这门课程在A企业内部成功覆盖两万多名员工，累积上百场的培训，普遍收到了学员的良好反馈，提升了广大员工的客户服务意识，使得参训员工的客户服务技能得到了明显的加强。一时间，客户服务的话题引发了员工的热议。这个TTT项目在A企业获得了决策层极高的评价，总经理为此专门写了一页A4纸来评价本项目。A企业不仅仅收获了一门高质量的课程，而且收获了未来能够开发课程、交付课程的内训师团队，还收获了全员认可培训、重视培训的组织氛围。A企业内部的研究、分享、培训等学习活动蔚然成风。

一个培训项目无论成败，其60%以上的决定因素来自甲方。这是我一贯的观点，因为甲方对项目的总体设计和执行负有主要责任。

下面，我从TTT项目总体设计的角度简单剖析一下这个案例。

①项目定位。A企业的这个TTT项目显然属于战略级的培训项目，标志是企业一把手亲自过问、企业投入了充足的培训预算以及过程中不同级别管理者的现场督战。

②人员选择。十二名内训师均为A企业内部各版块中与客户服务工作高度相关的核心骨干成员，代表了A企业客户服务领域的最高水准，为产出一门高质量课程提供了智力保证。

③获得中层管理者的支持。周五下午半天的培训很关键，让众多的中层管理者理解所要启动项目的意义，领悟培训的本质，当场见证培训的效果，建立起对所启动项目的信心，最终获得他们的支持。

④HR伙伴们专业而勤奋的付出，为内训师们提供了全方位的、系统性的支持。

⑤每位内训师都收获了"首战必胜"的礼物，持续获得正面激励，从而"越战越强"，最终收获了自己的课程开发和课程交付的专业能力。内训师"首战必胜"主要归结于乙方TTT的专业能力（课程开发、课程交付、教练式辅导等）以及引领TTT项目的专业经验。

小结

关于TTT项目的总体设计，影响因素有很多，建议重点关注以下几个方面。

1. 决策层对TTT项目重要性的充分共识。
2. 中层管理者的支持。
3. 内训师成长周期设定。
4. 对于内训师提供系统性支持。
5. 为内训师设计有效的激励机制。

第 4 节
内训师激励的关键——首战必胜

影响内训师培养项目（TTT 项目）成败的重要因素有两个：一是企业决策层的重视；二是内训师的激励。本节专题讨论内训师的激励问题。

1. 物质激励

（1）课酬。

企业内训师可能无法像外部培训师一样获得丰厚的课酬，但是毕竟付出了大量真实的劳动，因此给予一定的物质回报是合理的。**管理层应该尽量为内训师争取更多的课酬，但是不要宣传**。因为这方面宣传过多，会增加内训师的心理负担，因此对这方面的处理策略是**多做少说**。

（2）提供便利条件。

物质激励还包括为内训师提供相应的便利条件，比如出行、着装。这方面看似简单，实际也有很多细节需要关注，比如住宿环境是否安静、舒适，行程安排是否相对宽松并能确保内训师有足够的休息时间。

（3）提供少量的授课备用金。

这些资金可以由内训师按需支取，管理层要为老师提供简洁、顺畅的报销流程。授课过程中，老师为了激励学员参与，通常会设置一些奖项，比如优胜团队奖、最佳表现奖。兑现这些奖项需要资金支持，虽然很少，但是这些费用如果由老师承担，既不合理也不必要。现实中，由于这种费用金额很少，申请预算反而比较困难，所以常常变成了老师个人的成本。虽然对于很有热情的老师来讲，这不是问题，但不是每位老师都心甘情愿倒贴费用去上课，更重要的是，不应该这样做。谨记，细节决定成败。

2. 精神激励

这方面涵盖以下内容。

① 每年企业可以评比出优秀的内训师进行表彰。

② 参考游戏的激励机制，为内训师建立荣誉系统，每隔一个阶段，根据事先颁布的规则评定出内训师的等级，进行公示和嘉奖。

③ 为每位内训师定制专属的徽章。

④ 为内训师提供形象展示平台，扩大其影响力。

⑤ 请CEO等高管单独宴请有特殊贡献的内训师。

⑥ 为优秀的内训师提供更多学习、成长的机会，比如外派参加培训、认证新课程、创造分享机会。

⑦ 根据内训师的不同特点、不同需求量身制定激励办法，比如为喜欢旅行的内训师提供旅游机会，为关注育儿方法的内训师提供相应书籍，为喜欢足球的内训师提供球赛门票。

以上这些激励手段通常都会收到一定的效果，有时效果还非常不错。但是有经验的培训管理者会发现，这些激励手段虽然有一定的成效，但是似乎又都没有切中要害。

3. 内训师激励的"必杀技"

那么，最重要的激励手段是什么？有没有那种"一剑封喉"的"必杀技"？还真有！对培训师最重要的激励手段是**成功交付培训课程**。课程交付得越成功，对内训师的激励效果越好。下面，我来展开说说。

激励理论有很多，我比较推崇**斯金纳的强化理论**，因为其非常符合我的亲身体验以及我在执行大量 TTT 项目时的洞察。强化理论的大意是，**人的行为的结果对动机会起到反作用**。如果行为的结果是好的，原来采取这个行为的动机会被增强；如果行为的结果是不好的，原来的动机会被削弱。以下是一个真实的故事。

2005 年 5 月 8 日，我入职一家业内知名的培训机构，从此成了职业培训师。报到当天，我得到了一个课程任务：5 月 28 日—29 日到北京给某汽车品牌的全国销售总监交付两天的沟通课程。我当时还没有上过那门沟通课程，只有 20 天的准备时间。我借来了课程录像，白天反复研究、请教导师；晚上回家继续钻研，甚至连做梦都在备课。功夫不负有心人，我最终顺利完成了任务。

完成任务的那一刻，我被自己感动了，我的信心树立起来了。从此，我坚定地踏上了职业培训师的道路。后面的课程越来越顺利。那一年 7 月份的时候，我已经每个月交付十几天课程了。同期入职的另外一位培训师——某外企亚太区总监却没有我这么幸运。他的第一场课程遭到了客户的投诉，过了很久，培训公司为他安排的第二次课程也反响平平。6个月后，他离职了。我第一场课程的成功交付是对我最大的激励，那位外企高管的经历正好相反。

20多年的培训生涯中，我也有过课程交付效果不理想的情况，那个时候，我经历了对自己的怀疑、迷茫。正、反两方面经历的对比以及我对身边培训师的观察，让我对强化理论深信不疑。

因此，内训师激励的根本性解决方案是**全力确保内训师每场培训取得成功**，只有这种持续的成功才能激发出内训师持续的动力。

来想象一个培训场景：一场内训课程中，学员们有的交头接耳，有的漫无目的地玩手机，有的发呆，培训现场人员进进出出。这种场景下，内训师会在讲台上激情饱满地授课吗？绝大部分内训师是肯定做不到的。这里面可能有学员的问题，也有课程设计、培训组织、老师自身等方面的问题。这样的培训现场对于任何一位内训师来讲，都是一场灾难，都是唯恐避之不及的梦魇。如果经历过这么一次培训，内训师还会愿意承接下一次课程吗？显然不会。

再来想象另外一个培训场景：一场内训课程中，学员们个个神采奕奕、聚精会神，认真听讲、记笔记；内训师发问的时候，学员们积极举手回答问题；课程结束之时，学员们自发地鼓掌感谢内训师的付出，甚至围拢到内训师身边索要联系方式以求后续支持等。经历过这样场景的内训师，会不会期待下一次课程呢？一定会的。因为在这个过程中，内训师收获了学生的尊重、爱戴、感恩。学生因为老师的存在而发生了改变。这种存在感、价值感没有人能抗拒，这是老师这份职业专属的荣耀。万科原掌门人王石退休后到多所大学进修，最后选择到大学执教，有一次采访中他感慨：原来教书育人最有价值。

综上，内训师激励的根本是确保培训成功，让内训师重拾老师那份专属的荣耀——让学生因老师的存在而改变。

4. 我们只能"首战必胜、每战必胜"

我把我这一派的 TTT 的口号确定为"**首战必胜、每战必胜**"（TTT 有很多流派）。因为输掉一场培训的代价太大了，我们根本输不起。我们别无选择，只能选择"首战必胜、每战必胜"。为什么这样说？

我去过很多公司，发现某些公司里面，培训是一件"走形式"的事情，上上下下都"很重视培训"。领导们口头上反复阐明培训的意义和重要性，员工们低头听着，面无表情。但是等到需要为培训批预算的时候，领导们是能砍就砍；等到需要领导出席培训班开班仪式的时候，领导们能躲就躲，或者是来简单开个场然后迅速离开。员工们更是能请假就请假，晚来早走。

年轻时遇到这种情况，我会有些许愤懑。随着阅历的增加，我逐渐了解到了事情的真相：这些企业里的领导层和员工群体，其实大多是受了培训的"伤"。

他们并不是一开始就对培训不上心。开始时他们也都是满心欢喜地来组织、参加培训，真心地想从培训中获得价值、获得成长。但是残酷的现实让他们一次次地受挫，最终对培训不再抱有太多的期望，他们都是被培训"伤"过的人。

输掉一场培训，最大的损失是丢失一部分来自领导层和员工层对培训的信心。如果输掉多场培训，那么人们对培训的信心也就损失殆尽了，这种代价是企业不可承受之重。

所以，**我们别无选择，只能全力以赴争取每场培训的胜利**。我们不是"嘴把式"，要用理念和工具把每位内训师武装到牙齿，不折不扣地兑现我们的口号——"首战必胜，每战必胜"。

小 结

内训师的激励包括以下几点。

1. 物质激励,多做少说、设置授课备用金等。

2. 精神激励,建立荣誉系统,周期性、持续性地来做。

3. 根本措施,"首战必胜、每战必胜"。

第 5 节
如何成功举办一堂培训课程

如何成功举办一堂培训课程？回答这个问题之前，先要讨论一下成功的标准问题。上文提到过，一堂培训课程是否成功，最直接的判断标准是主要利益相关方是否满意，包括**学员、培训师、HR**（代表管理层）。三者满意度之间有没有关系？如果有的话，是什么关系？下面分享一下我的思考。

三者肯定有关系。通常情况下，学员满意是基础。如果学员满意了，培训师会收到正面反馈，也会满意。HR 要判断一下学员们是否学会了相关知识，即是否实现了培训目标，如果答案是"yes"，那么 HR 也会满意。此时，三方都满意，皆大欢喜，培训成功。如果答案是"no"，说明 HR 判断本次培训没有达成既定的培训目标，培训失败，当然，这种可能性比较小。所以，一堂培训课程成功与否的标准应该是：**来自学员们的主要基于学会了相关知识的满意**。

知识可以分为三种类别：概念性、程序性的知识（WHAT）；解释性的知识（WHY）；行动性的知识（HOW）。

怎么证明学员们"学会了相关知识"呢？

①学员们是否**理解**了相关的概念性、程序性知识（WHAT）。

②学员们是否**认同**了相关的解释性知识（WHY）。

③学员们是否**掌握**了相关的行动性知识（HOW），即是否能展现相关的正确行为。

即使最简单的一堂课程，其本质也是一个项目，也是一个系统工程，正所谓"麻雀虽小，五脏俱全"。

依托项目管理理论，这个问题就容易回答了。企业举办一堂培训课程，可以从训前、训中、训后三个方面分别进行考虑和安排。

（1）训前。

①课程受众是哪个员工群体？为什么？

②课程要解决这个群体的什么问题？如果有多个问题需要解决，列出优先级，每门课程重点解决一个问题。

③这次培训的目标是什么？主管领导认可吗？重视吗？

④为这次培训拟分配多少时间资源？如每堂课拟安排多少小时？拟安排几堂课？

⑤有合适的课程吗？选用标准课程还是定制开发课程？

⑥有合适的培训师人选吗？使用外部老师还是内部老师？

⑦怎么做招生动员？如何获得领导层支持？如何获得中层经理们（即学员上级们）的支持？如何吸引目标学员参训？自愿报名还是强制报名？如何确定每个班的编制？

⑧如何选择培训环境（教室等）？

⑨进行相关预案准备，比如设备预案。

（2）训中。

①实时观察学员表现及对课程的反馈、培训师的状态表现、培训内容、培训形式等。

②选择相信培训师、相信学员。

③ 保持耐心，尽可能减少对培训师的干预，最大限度尊重培训师的决定。

④ 鼓励培训师多与学员互动。学员参与越多，收获越多，现场气氛越活跃。

⑤ 鼓励培训师多采取激励措施，激励学员。

⑥ 必要的时候，秘密安排某些学员在课上配合培训师交付课程。

（3）训后。

① 及时收集学员的培训反馈。

② 及时收集培训师的反馈意见。

③ 及时采取跟进措施，确保学员课上所获观念得到巩固，所获知识得到复习，所获新行为得到持续练习而被固化。

上文提到关于学员如何通过一场培训真正获得某种技能的问题，我的经验是：一场培训就像"师父领进门"，可以解决 0 到 1 的问题；但是从 1 到 10，即从初步掌握、基本掌握到完全掌握、真正掌握，现场培训解决不了这个问题，需要依靠课后大量实践才能解决。从这个意义上讲，现场培训的结束，恰恰是"课后大量实践"的开始。

小 结

成功举办一堂培训课程，需要关注的关键要素包括：目标是否清晰、受众是否精准、高层是否重视、预算是否充足、老师是否合适等。如果以上要素具足，就可以根据项目管理的方法论来推进一堂培训课程的执行了。

第三章 内训课程开发五原则

THREE

十多年前，我将我的 TTT 课程拆分为"课程开发"和"课程交付"两门课程，即拆分为两套方法，对应"课程开发""课程交付"两种能力的培养。本章介绍内训课程开发的五个原则，具体如下。

原则 1，立足企业问题的整体解决。

原则 2，以终为始。

原则 3，以学员为中心。

原则 4，循序渐进。

原则 5，步步为营。

第 1 节
立足企业问题的整体解决

课程开发的第一条原则：立足企业问题的整体解决。

每位内训师都会开发一门或数门课程，但是有没有深入地思考课程开发的元命题：**企业为什么需要这门课程呢？**

回到上文提到的 A 企业的案例中。我带着一群内训师一起思考并研讨 A 企业为什么需要"客户服务"这门课程，得到了很多答案，如下。

① 客户服务质量不稳定。

② 原有的客户服务手册过时了。

③ 竞争加剧。

④ 客户越来越挑剔。

⑤ 领导要求。

⑥ 客服人员服务意识差。

⑦ 客服人员服务能力低。

⑧ 客服人员抱怨多。

……

这些答案看起来似乎都有一些道理，但是好像又都不是真正的答案。为了想清楚这个问题，我们来思考一个更具普遍意义的问题，即**一门培训课程到底能帮企业解决什么问题？**

一门培训课程是不是万能的呢？显然不是，这说明一门培训课程所能解决的问题有其局限性。

那么，培训课程可以解决哪些问题，哪些问题解决不了？培训是老师和同学之间发生的一种学习活动。老师借由这场学习活动对一群同学施加某种影响，引导全班一起发生某种"化学反应"，逐步形成某种共识，最终使得这群同学发生某种行为改变。

所以，一门培训课程能解决的是与这群人有直接关系的问题，即这群人自身的问题，比如这群人的态度、知识、技能方面的问题；一门培训课程不能解决的是与这群人没有直接关系的问题，即非人的问题，比如企业制度、政策、市场行情、价格方面的问题。

企业实际运作中所遇到的问题通常和以上这两个方面都有关系。问题之间的差别在于这两方面（即人的问题和非人的问题）的贡献占比不同而已。回到课程开发方法的元命题：企业为什么需要一门课程？

一个客户购买了一台打孔机，回到家里在墙上打了一个孔。请问，客户到底需要什么？客户不是需要一台打孔机，而是需要在自家墙上出现一个孔。同理，企业不是需要培养出一批掌握某种技能的员工，而是需要解决某个问题，比如 A 企业的案例中，A 企业不是需要培养出一批优秀的客服代表，而是需要解决"提升客户服务质量、减少投诉"的问题，这也是"第一性原理"的一次应用。

"解决一个真实的问题"就是企业需要一门课程的真正原因。因此，这常常也是企业对于一门课程的期望。培训只能部分地而非全部地解决问题，这就是培训常常面临的挑战。

企业的管理层，甚至决策层对培训常常给予过高的期望，寄希望于培训能够立刻或完全改变现状,其结果可能会让人失望。这种经历积累多了,很多管理层、决策层对于培训的期望势必滑向另一个极端——培训的影响是间接的、长期的,即短期内是看不到效果的。**这两种对培训的错误期望最终都会导致对培训的信心下降、支持力度下降。**人的本性之一就是喜欢简单化,最简单就是"非黑即白"。然而,真相没有那么简单。HR伙伴们、培训管理者们需要正确地管理决策层、管理层的培训期望。培训不能完全解决企业所面临的问题,但是可以**部分地解决企业所面临的问题,即与人直接相关的那部分问题。**

作为一名内训师,理解企业需要一门培训课程的真正原因非常重要。我的"课程开发"方法论就是建立在企业的这种真实需要的基础之上,即企业需要解决问题。我所培养的**内训师的自我定位是:企业某类问题的整体解决方案提供者以及部分方案的执行者**。这种理念与市面上的其他TTT理论不同,赋予内训师更精准的责任,也为其展现更大的影响力提供了可能。

基于以上的洞察和思考,我的课程开发的第一条原则是:**立足企业问题的整体解决**。这条原则对于内训师而言,在课程开发过程中意味着什么呢?

① 意味着内训师的眼光不再仅仅局限于自己的专业领域,而是放大到更广泛的领域,学会**站在企业的视角**看待问题、思考问题、解决问题。仅这一点就真实地帮到了很多内训师,让他们的课题更容易取得决策层、管理层的支持而拿到更多的资源。因为他们更加关注企业的业务、战略。基于此,他们开始放弃"内容为王"的思维惯性,学习转变自身专长的使用策略,以更好地服务于企业的业务、战略。于是,他们发起的课程开发项目总是更能说服决策层,因为他们更懂决策层。

② 意味着内训师可以更有效地和管理层、决策层对话,不仅仅站

在内容专家的角度，而是站在企业管理层同盟的角度来思考问题，并且有志于和管理层协同作战，共同面对挑战。对于每个 TTT 项目，我都会建议 HR 等管理层为学员开发课程提供系统支持，包括访谈决策层、管理层代表等。同时，我会鼓励我的学员在开发课程的过程中积极主动联系各个利益相关方（包括决策层、管理层中的人员）以获得有效输入，内训师就有了更多与他们对话的机会。

③意味着内训师的心态可以更趋成熟，即积极设法解决自己课程范围内的问题，对于范围之外的问题仍然可以保持积极性、建设性。培训后，问题得到改善时，会公平地考虑到非人因素的贡献；培训后，问题改善不明显时，不会过低地评价培训的作用等。我的方法论倡导不走极端，倡导客观、公正、全面地看待问题，持续探索更优的解决方案。

基于这条原则，内训师在开发课程环节应有两个输出物：一个是课件，另一个是管理建议。所谓"管理建议"就是在课程开发的过程中，所构建的基于目标问题的整体解决方案中非人因素所对应的部分。从这个意义上讲，课件是人的因素所对应的解决方案。课件和管理建议加起来才是企业所面临问题的整体解决方案。

这个世界本来就是一体的，事物之间本来就是有联系的。分工的出现让人们常常忽视了事物之间的联系。如果一名内训师只关注自己的课题、自己的专业领域，很多时候他将无法有效解决企业真正的问题。因为他对这个世界的理念是割裂的，不是相互联系的。

第一条课程开发原则背后的哲学观是：这个世界上，事物之间是普遍存在联系的。

小 结

1. 企业的需要是完整地解决某类真实问题。

2. 培训课程只能解决部分问题,即与人有关的问题。

3. 内训师定位于企业问题整体解决方案提供者和部分方案的执行者。

4. "立足企业问题的整体解决"的课程开发原则,源于"事物是普遍存在联系的"这一哲学观。

第 2 节

以终为始，不忘初心

课程开发的第二条原则：以终为始。

这条原则也可以称为结果导向、目标导向，是指课程开发过程需要紧紧围绕课程目标展开。这条原则对于内训师来讲意味着什么？

① 内训师要想清楚课程试图解决什么主要问题，如果有多个问题，需要排出优先级，然后聚焦到优先级最高的问题上。

② 上述问题所涉及的员工主要是哪些人？如果涉及几类员工，需要排出优先级，然后聚焦到优先级最高的那一类员工身上。

③ 内训师需要想清楚结果，即课程结束的那一刻学员们需要发生哪些改变，包括态度、知识、技能。

④ 内训师需要想清楚为了实现最后一刻的改变，应该怎样设计整个过程。

在整个课程开发过程中，"以终为始"对于内训师来讲意味着对课程目标保持高度的专注，即确保注意力不被枝枝蔓蔓的各种细节分散和稀释，该放弃的要放弃，以确保课程目标的高效达成。

这条原则说起来简单，做到却不容易，因为诱惑太多、专注太难，内训师一不留神就成了"龟兔赛跑"中的那只兔子。兔子精力旺盛，兴趣点很多，想干的事很多，注意力很容易被各种诱惑分散，导致最终迷失方向，输给了那只只盯准一个目标的乌龟。内训师经常有很多想要表达的观点和想要呈现的素材，一旦发散，也会常常迷失方向。

① 有舍才有得。内训师可以把自己一堂课程中所有想要表达的观点罗列出来，仔细审视，依据这堂课程所要实现的目标来对上述观点进行辨析，把不相关或相关度不够高的观点果断舍弃，只保留高度相关的观点。

② 定期回顾课程目标。内训师可以在课程开发计划中提前设置检查点，即每开发一部分课程内容就回看课程目标，检查课程开发方向是否正确，有偏差及时调整。

上述基础工作做到位后，内训师接下来会面临一个新的问题：一堂课有多个目标，如何平衡？举例来说，一堂半天的课程需要达成3个目标，内训师虽然梳理出了3个目标的优先级，但是再往下开发就不知道怎么做了。平衡的关键，可以借用《论语》中的"行有余力，则以学文"来说明。当更高优先级的目标被满足之后，如果还有时间，内训师就去满足下一个优先级的目标。是否"还有时间"取决于一堂课的总时长。那么，如何确定一堂内训课程的时长呢？

对于一堂内训课程的时间长短，主办方通常会综合考虑课程内容、讲师情况、学员的受训习惯以及往返培训现场的时间等因素来设定。常见的内训课程时间为40分钟、1.5小时、半天（3小时）、1天（6小时～7小时）等。一门课程由一组目标构成，时长和目标之间是动态匹配的关系，时间可以增减，目标也可以增减。在确定内训课程时长的时候，内训师需要发挥更多的影响力，即需要与主办方积极沟通课程逻辑、课程内容、呈现方式等方面，给出关于课程时长的备选方案，最终与主办方一起商讨确定课程时长。

这个环节最忌讳的是，内训师无原则地迁就主办方，设定了不合理的课程时长，由此，实现课程目标也就失去了最基本的时间资源保障。主办方通常清楚课程目标，但不清楚课程具体内容、授课形式等交付细节，所以有可能会给出不合理的课程时间要求。这个时候，就需要内训师耐心沟通，说服主办方给课程分配合理的时间。

有了课程时长，有了目标的优先级，内训师就可以通过"试错法"来持续调整和优化各个目标所占用的时长，最终实现对于各个目标的有效平衡。

小 结

内训师需要经常思考、反复斟酌课程的最终目标是什么，即"以终为始"的"终"到底是什么。

想清楚这个问题，就要果断做出取舍，要坚决舍弃与最终目标没有关系的观点、素材等。

为确保不偏离终极目标，内训师需要经常设置检查点，以验证课程开发方向是否正确。

第 3 节
始终牢记以学员为中心

课程开发的第三条原则：以学员为中心。

这条原则是指，培训课程的开发以满足学员需求为中心。这条原则对于内训师来讲，具体意味着什么呢？

（1）整个课程不是以老师为中心展开的。

举例来说，老师的自我介绍、自我风采展示等都不是重点，不应该占用过多的时间。

（2）整个课程不是以理论和知识体系为中心展开的。

老师不必拘泥于严谨的学术理论、知识体系来展开课程。这一点也许是企业培训和大学教育最大的区别，大学生在大学中是一名全职学习者，其存在的根本目的就是汲取知识，因此老师以理论和知识体系为中心展开课程是可行的。企业培训则是不同的逻辑，其本质是企业的经营手段，必须服务于企业的经营目标，所以企业培训是以促进解决现实问题为目标展开的。课程开发的原则一、原则二就是在谈这个问题，但是二者只是从"事"的角度来谈，显然不够，本节原则补充一个重要的角度——"人"。

（3）内训师要真正了解学员的需求。

来参加培训的学员有两个角色：学生和企业员工。学员绝大部分时间是企业员工，只是在培训现场临时增加一个角色——学生。企业员工的需求和学生的需求有很大不同。学生的需求主要是学到知识，企业员工的需求是解决现实问题，掌握相应知识只是手段。以学员为中心，意味着要真正理解学员的主要角色和充分了解学员基于主要角色的真实需求。

（4）内训师要换位思考。

在课程开发的每个环节上体会和感知学员所处的环境，站在学员的角度来估量学员的反应，以此设计课程的展开方式、推进节奏、所需素材等。

（5）内训师要仔细思考学员的特点。

学员就是一群职场中的成年人。心理学很多研究表明，成年人在学习场景下的特点如下。

① 更喜欢在做中学习。

② 很务实，总会思考学习的目的性和价值大小。

③ 更喜欢在非正式的环境中学习。

④ 更喜欢解决难度适中的问题。

除此之外，成年人也具备很多孩子的特点，比如情绪容易波动，喜怒形于色，遇到困难也会退缩，遇到顺境也会骄傲。这些特点对内训师而言也许意味着，内训师要更懂得包容学员，课程设计要更温暖、更贴心，因为学员不过是"大尺码的孩子"。

（6）内训师要深入思考学员到底需要什么。

从理性方面看，学员要解决问题，要获得价值。不仅如此，学员还想要更简单、更高效地解决问题。因此，**内训师所提供的方法要更简单，所提供的工具要更容易上手**。那么学员还需要什么？从感性方面看，第一，学员需要被看见；第二，学员需要情绪价值。

"被看见"是人性中非常基础的一个需求，正因为基础，所以是每个人与生俱来的需求。人需要被尊重，被公平对待。人付出了努力、做出了贡献，需要被看到、被肯定，不能被无视、被忽略。对于课程开发，这意味着课程中需要精心设计反馈环节，及时给到学员公开、公正、公平的反馈，包括回应、肯定、赞美等。

"情绪价值"这个词最近两年很"热"。我给出的定义是：**由于收获了正面情绪所引发的人的一种价值感**。简单来说，就是学员需要获得好情绪。好情绪是一种重要的价值，这一点早已有了普遍的社会共识。好情绪包括快乐、宁静、兴趣、希望、信任等。人，需要开心，需要心情舒畅。当然，能有惊喜更好。

内训师要把快乐元素植入课程之中，让课程带给学员一种副产品——开心、快乐，甚至惊喜。因此，"快乐就是硬道理"。

心理学研究还发现，"开心、快乐"这种情绪有一种重要的作用——**提高创造力**。学习是人们适应环境的过程，是人们不断调整自己行为、不断做出改变的过程。这个过程无时无刻不需要创造力。可以说学习就是创造的过程。因此，开心、快乐对于提升学习效率至关重要。

综上，营造开心快乐的培训氛围，对于提升培训效果来讲至关重要。内训师需要怎么做？

第一，让自己快乐起来，做一个快乐的内训师。这件事是内训师自我修炼的一项功课。这项修炼的最高境界是时刻快乐，即每时每刻都处于快乐的状态之中。怎么才能做到？我的人生经验是：感恩+知足+转念。

感恩，让我们更珍惜所拥有的一切，可以帮助我们消除各种负面情绪。知足，让我们更容易感受到幸福和满足，可以增加我们的正面情绪，让我们开心、快乐。转念，是指当我们遇到不如意的事情时，可以转换视角、发掘事情积极的一面，从而扭转我们的情绪状态。《波丽安娜》中女主人公经常玩一个"快乐"游戏来转换心情。感恩、知足、转念，是我要持续修炼的功课，与有缘人共勉。

第二，了解幽默的原理，在课程开发中植入幽默元素。我很喜欢"脱口秀"节目，那里面的每位演员都是职业制造快乐的人。我相信他们都有一定的幽默天赋，但是要把制造幽默做成职业，单靠天赋肯定是不够的，幽默的原理主要包括意外感、优越感。

意外感是指事情的发展产生了反转，打破了人们原有的认知逻辑，这时人们容易产生喜感。"意料之外、情理之中"容易引发快乐情绪，方法就是制造合理的意外。我的课程中推举组长的环节，每次都会让全班同学很快乐，就是在应用这个原理。学员们认为推举组长之后，这个环节就结束了，但是我继续要求大家推举副组长，这是一次反转，这时候有一部分学员开始露出笑容。当学员们推举副组长之后，认为这个环节该结束了，但是我要求推举秘书，这是第二次反转，这时候，绝大部分学员都开心地笑了。

优越感是指当人们看到别人尴尬时，会不自觉地产生一种优越感，这种心理落差容易引发快乐情绪。需要注意的是，这种优越感应当建立在无害、友好的基础之上，避免对他人造成真正的伤害。让他人产生优越感的方法有"贬低自己"或"贬低他人"两种。"贬低自己"即自嘲，比较保险，可以展现谦逊和幽默感。"贬低他人"即调侃他人，需要注意分寸和场合。我在与学员互动时，有时会调侃学员，总能引起阵阵笑声，被调侃的学员一般会吐舌头或做鬼脸。比如我提出一个问题，邀请全班同学举手抢答，有的同学回答得非常抽象，大家都听不懂，这时我就会说"这位同学可能是学哲学的"。

小 结

"以学员为中心"有以下几点含义。

1. 内训师要放下自己。
2. 内训师要把注意力从自己身上、理论体系上转移到学员身上。
3. 内训师要真正了解学员的需求。
4. 内训师要换位思考。
5. 内训师要仔细思考学员的特点。
6. 内训师要深入思考学员到底需要什么。

第 4 节

搭好台阶，循序渐进

课程开发的第四条原则：循序渐进。

所谓"循序渐进"，就是指课程内容按照一定的步骤或次序逐渐深入或提高。这条原则对于内训师来讲意味着什么呢？

1. 课程结构逻辑清晰

内训师需要将课程内容的逻辑顺序梳理清楚，确保课程按照正确、清晰的逻辑顺序展开。

在我的"课程开发"培训中，每次花费时间最多的环节是与学员们探讨其课件逻辑结构。经验证明，这个环节的时间投入是值得的，我和其他学员总是可以在某位学员的课程架构上给予一些优化建议，从而可以在根本上提升该课程的整体品质。

2. 为学员设置好"台阶"

有爬山经验的人都知道，在攀登的过程中，如果台阶又高又陡峭，那么攀爬起来会非常吃力，比如泰山的"紧十八盘"；反之，如果台阶比较平缓，登山过程就会比较舒服，更不容易放弃，比如泰山的"慢十八盘"。学习的过程比较像登山。课程开发者要为学员设计一条比较平缓的"攀登"路线，让学员的学习过程不要压力太大，尤其在开始的阶段。

举例来说，开场的破冰环节，我的课程设计如下。

① 邀请每组学员互相介绍三件事（姓名、职位、爱好）。

② 要求每组学员推举组长、副组长、秘书。

③ 要求每组学员在小组干部的带领下分享培训期望。

三个学习活动的顺序不可以改变。经常有学员问："课程进展到了某个环节，需要学员参与互动但冷场了，为什么？"我的回答是："绝大多数情况是因为之前的铺垫不够，也就是循序渐进方面出了问题。"

以下对上文提到的我设计的三个学习活动进行分析。

第一个活动对于学员的难度最低。难度通常是指任务的复杂度和风险度。对于学员而言，第一个任务属于低风险度、低复杂度，所以做起来很轻松。当第一个活动做完之后，小组成员之间已经有了基本的信任度（第一级台阶），这个时候再来推举小组干部（第二个活动，也就是第二级台阶）就比较容易执行。试想，如果去掉第一级台阶，一上来就要求各个小组推举小组干部，现场效果会如何？大概率会出现冷场。因为小组成员之间还不熟悉，彼此的信任度几乎为零，这个时候要求大家去完成一件中风险度（万一推荐了不合适的人当小组干部，小组利益会受损，成员自身利益也会受损）、中复杂度（难以判断谁更适合当小组干部）的任务，出现冷场很正常。

如果去掉第二级台阶（推举小组干部），培训师要求学员从第一级台阶直接跨到第三级台阶（分享和收集小组成员对课程的期望），大概率会出现卡顿、收集效果不佳，甚至直接出现冷场的局面。因为执行一个比较正式的团队任务，需要团队成员首先被组织起来，否则就会出现"群龙无首"的局面而导致效率低下。怎么才能循序渐进地设置好台阶呢？我有以下三点经验。

① 培训师要很清楚并严格按照逻辑顺序推进课程。

② 实事求是，按照该知识模块本身的规律设计学习进程，逐步提高学习难度，就像学习四则运算时总是先学加减法，再学乘除法。

③ 在设计学习活动的时候，要评估学员与培训师之间以及小组学员之间的信任度，这两个信任度越高，所设置的任务难度就可以越高。

信任是一种力量，可以转化为一股巨大的能量。大家可以设想一个场景：家长带着孩子去迪士尼玩。有些挑战性的项目，如果让孩子自己去玩，他无论如何也不肯去；但是如果家长陪孩子一起去玩，孩子就会参与，因为孩子相信父母能保证自己的安全。信任会转化为行动的力量。

3. 找到节奏感

根据课程的逻辑顺序展开课程时，内训师需要控制好课程展开的节奏，在课程推进效率和课程培训效果之间求得平衡。

这个部分属于精细化操作，对于初级的内训师，常常不涉及，但是对于中、高级内训师而言，就是其功力构成的主要部分了。这个部分的检验标准非常简单，就是看参训学员的感受。如果学员们感受很顺畅，通常说明老师为学员们搭建的"台阶"很合适，学员们可以在老师的引领下一步一步迈上更高的"台阶"，直至达成学习目标。

内训师在应用这条原则开发课程的时候，前期可以更关注效果，然后逐步平衡地关注效率和效果，直至找到最佳的设计结构，找到节奏感。怎么找到节奏感？这个方面可以借鉴戏剧、乐曲的设计。

戏剧，讲究"起承转合"。一场戏剧通常包括开端、发展、高潮、结局四个部分。一堂课也是类似，可以划分为开场、导入、核心、结束四个大的部分。一首乐曲总是有着特定的旋律：时而高亢，时而低沉；时而激越，时而婉约。好的乐曲不会一直高亢、激越，也不会一直低沉、婉约，总是时起时伏，周期性地波动着向前流淌。课程也是如此，总是起伏错落地向前推进。

小 结

1. 做到"循序渐进"的前提是课程逻辑结构清晰。
2. 搭"台阶"，需要把逻辑拆得更细。
3. 借鉴戏剧、乐曲的设计找到节奏感。

第 5 节

步步为营，慢就是快

课程开发的第五条原则是：步步为营。

所谓"步步为营"，原意是指军事领域中军队每前进一步就扎下营垒，稳扎稳打不冒进，随时将取得的成果巩固住。这里是指内训师每推进一步课程，就及时总结课程内容，帮助学员随时巩固所学知识，确保学员的认知、行为等不发生退转。"慢"，就是"快"。为什么要订立这样一条原则呢？

因为培训的本质是一种闭环性质的经营手段，要确保参训学员们发生某种行为改变，然而这件事并不容易。

学员们都是成年人。每个成年人都有着自己的阅历和经验，甚至是固执的观念。成年人大多已经形成了自己各方面的舒适区，而培训的本质是要把成年人从其舒适区里拉出来，带到成长区。这个过程中，每个成年人都要面对不确定性，都有一些焦虑和担忧产生，稍不留心就会退转到原来的舒适区。如果课程推进速度太快，没有及时总结和沉淀，学员的基础不扎实，一旦遇到挑战，很容易退回到原点。那种"快"，是真的"慢"。

因此，培训过程中的"步步为营"很关键，老师需要把学员们在培训中所获得的、难能可贵的一点点改变巩固下来，再一点一点地积累起来，直至实现最终的目标。"慢"，才是真正的"快"。这条原则对于内训师开发课程来讲，至少意味着以下几件事。

①按照课程逻辑把课程内容打包，进行模块化设计。

②每个模块结束时，加入一个"小总结"环节，以帮助学员及时巩固所学内容。

③每半天课程结束时（如果有的话），加入一个"中总结"环节。

④一天课程或整个课程结束时（如果有的话），加入一个"大总结"环节，以帮助学员巩固全部课程内容。

培训一定要拿到最后的结果，而最后的结果不会从天而降，需要靠过程中的一个一个阶段性成果累积而成。因此，内训师需要确立"步步为营"的课程开发原则。

小 结

1. "步步为营"原则要求把课程内容打包，变成一个一个具体的模块。

2. 每个模块结束的时候，都需要加入一个总结的环节，以巩固所学知识。

3. 不同量级模块之间是嵌套关系，即大模块包含中模块、中模块包含小模块。

课程开发五条原则如下。

原则一，立足企业问题的整体解决。

原则二，以终为始。

原则三，以学员为中心。

原则四，循序渐进。

原则五，步步为营。

第四章 内训课程开发七大步骤

FOUR

我的课程开发流程总共分为七个步骤，可以称为"七步成诗"。

1. 提出课程概念。
2. 确定课程框架。
3. 教学策略设计。
4. 教学手段选择。
5. 课程内容开发。
6. 辅助工具开发。
7. 课程持续优化。

第 1 节
课程设计，概念先行

课程开发流程的第一步是：提出课程概念，包括**大致**确定课程名字、受训对象、课程时长。

内训师开发任何一门课程，总要先给这个课程确定一个名字，方便沟通。但是因为课程还没有开发出来，所以这个时候确定的名字不一定符合日后所开发出的课程。解决这个矛盾的关键就在于"**大致**"两个字。

"大致"这个词意味着，在这个时候所确定的课程题目不一定是最终结果，课程开发者不必过于纠结，可以先继续推进课程开发工作。课程开发工作本就是在带着一些不确定因素的情况下继续向前推进的。

课程开发人员要适应这种"摸着石头过河"的感觉。**"容忍不确定性"**是课程开发人员必须具备的一种重要品质。这不大符合人的本性，每个人都需要安全感、掌控感，而安全感、掌控感来自确定性。

课程开发的过程是一种从无到有的过程，其最终输出物（课件）的不确定性从 100% 开始，随着课程开发工作的深入而逐步降低，最终降为0。因此，课程开发的过程就是容忍不确定性并使之逐步降低的过程。

这个过程可以让内训师非常兴奋，因为这是从无到有的创造过程。创造的本质就是从0到1，是让一种存在的确定性从0逐步达到100%的过程。当一个人为这个世界创造出一样东西的时候，这个世界已经不同了，因这个人而改变。当一个人能确信这个世界因自己的努力而改变的时候，他验证了自己真实的存在，他的存在感、价值感可以得到迅速提升。他终于有了自己的作品，当然会非常兴奋。这其实是我20多年来，无论飞机晚点多么严重、旅途多么辛苦，还是对培训师这份职业不离不弃的一个重要原因——我可以创造！

容忍不确定性是一名课程开发人员需要具备的重要品质，怎么才能做到呢？

我想起了红军长征的历史故事。第五次反"围剿"失败后，红军不得不退出根据地，开始战略转移。到底应该朝哪里转移呢？红军根据"北上抗日"的战略方针，确定了"北上"的转移路线，战胜了各种常人难以想象的困难，爬雪山、过草地、风餐露宿、克敌无数，最终到达了陕北，完成了伟大的两万五千里长征。

容忍不确定性需要具备的一个条件是**原则性**，即目标、信念等指引人们顽强地奋斗下去的精神支柱。每位优秀的课程开发人员都有自己目标、信念层面的坚定追求。

容忍不确定性还需要具备另一个条件——**灵活性**。红军开始长征后，曾经先后决定到川黔边、川西、云贵川等地建立根据地，后来都因为条件的不断变化、信息的持续更新和思考的不断深入而改变，最终做出了到陕北建立根据地的决定。每位课程开发人员在开发课程的过程中对课程的每一个环节都需要保持高度的灵活性，对于非关键环节尤其如此，在开发效率和开发效果之间求得动态的平衡。

课程开发人员的以上这两方面特质看似矛盾，实则不然。为什么这样说呢？

课程开发者由于对开发课程及其最终成果有着坚定的信念，所以才可以做到过程中举重若轻、灵活取舍，即原则性伴随着灵活性，灵活性又巩固了原则性。课程开发者在开发课程过程中容忍不确定性，不轻易被卡住，灵活应对各种情况，保持一定的开发速度，让课程开发的阶段性成果及时显现，从而可以增强开发者的信心、进一步强化初始的信念，即灵活性巩固了原则性。所以课程开发人员所具备的这两种特质并不矛盾，可以辩证地统一在一起。**优秀的课程开发人员就是理想主义和现实主义的辩证统一体，就是原则性和灵活性的辩证统一体。**

回到本节主题——提出课程概念，除了课程名字以外，还要大致确定受训对象和课程时长。每次"课程开发"的培训现场，我都会带着全体学员"边学边干"，即一边学习课程开发的相关知识，一边动手开发学员自己的课程。每次到了"确定受训对象"的环节，与学员们互动的时候，我最怕听到学员说："我这门课程的受训对象嘛……谁都行！"为什么呢？因为这个说法只说明一件事，那就是学员还没有真正想清楚他这门课程的受训对象到底应该是哪个群体。这个时候，我会和学员半开玩笑地说："这种'放之四海而皆准'的培训主题只能有一个，那就是爱国主义教育。"大家相视而笑，然后重新思考，通常可以收窄受训学员范围。

这个步骤只要"大致"确定学员范围就可以了，以 A 企业 TTT 项目为例，大致确定参训学员为客服人员即可。

下面讨论有关课程时长的问题。

对于初次担任内训师的学员而言，关于第一门内训课程的时长，我的建议是最好不要超过 1.5 小时，理由如下。

① 如果时间太短，比如半小时，学员们刚进入状态，课程就结束了，大家往返培训现场的时间成本都很高，所以不大合适。

② 如果时间太长，比如3小时，即半天时间，一方面要准备的课程内容会比较多，另一方面学员们容易出现疲劳、突发工作任务等情况，新手内训师恐难驾驭。

③ 1.5小时相对比较合适，中间不需要安排课间休息，可以保持现场气氛的连贯性，内容方面对新手内训师的压力较小。如果课程内容较多，无法在1.5小时之内完成，则可以拆分为几门具有连续性的培训课程，鼓励学员"循序渐进""步步为营"地学习。

小 结

　　课程开发流程的第一步是：提出课程概念，包括大致确定课程名字、受训对象、课程时长。这一步的关键词是"大致"。内训师要学会"容忍不确定性"，要实现原则性和灵活性的辩证统一。

　　以A企业的TTT项目为例，第一步的输出结论是："客户服务"、客服人员、1.5小时。

第 2 节
确定框架，打好基础

课程开发的第二步是：确定课程框架。这一步是对课程进行架构设计，包括以下五个具体步骤。

① 回顾课程来源。
② 收集培训需求。
③ 确定课程对象。
④ 确定课程目的。
⑤ 确定课程框架。

下面，我将逐一说明每个步骤如何操作。

1. 回顾课程来源

任何一门课程总有它的缘起，怎么找到这个缘起？下面两组问题可以帮到内训师。

① "最早是谁提议做这个培训的？当时发生了什么事情？做这个培训的**初衷**是什么？"

② "后来又有谁提议过做这个培训？又发生了什么事情？做这个

培训的目的是什么？"

下面，我来举例说明。

在 A 企业的案例中，最早是 A 企业的总经理提议做这个培训的。当时集团公司对 A 企业的客户服务质量进行了调查，结果不满意。做这个培训的初衷是提升客户服务质量。

有位学员要开发一门面向企业安全员的内部课程——"如何让现场工人自觉遵守安全规范"，最早是班组长提议的。当时出现了安全事故。初衷是提高现场工人的安全意识。

有位学员要开发一门面向结构设计工程师的课程——"计算机辅助设计"，最早是自己想到要开发这门课程的。当时的情况是自己经常接到工程师的求助电话，发现很多问题是重复的。初衷是提升工程师使用计算机的能力，减少对自己的干扰。

大量实践下来，我发现一门课程要想开发成功，要找到这门课程的灵魂所在，即"找魂"。所谓"找魂"就是找到这门课程之所以需要的最直接、最根本的原因。"回顾课程来源"这个环节就是在启动"找魂"这件事，不能一蹴而就，需要逐步深入开展。

2. 收集培训需求

通过"回顾课程来源"可以找到培训的初衷，为课程开发初步指明了方向，但是仍然不能揭示一门培训课程具体要覆盖哪些方面，要通过收集培训需求来解决。

所谓"培训需求"就是透过具体事件所概括出来的、可培训的需求，包括人的态度、知识、技能。具体怎么收集一门课程的培训需求呢？

从利益相关方入手，"顺藤摸瓜"。

利益相关方的本质是信息源。内训师至少需要考虑三个利益相关方：老板、拟参训学员、培训师。另外，学员的服务对象（包括上级、跨部门同事、客户等）和 HR 部门也经常会被纳入考虑范围。

（1）老板。

可以是总经理，也可以是其他实际代表企业利益的人，总之代表的是企业的视角。这个利益相关方是企业内训的实际赞助者，承担主要的成本，因此其需求必须得到优先关注，否则企业内训工作是无法进行的。

（2）拟参训学员。

指目前凭内训师的直觉和经验，拟定参加培训的员工。由于学习的本质属性是高度自主行为，因此学员的需求也必须得到充分关注。认真地挖掘学员需求是落实课程开发原则"以学员为中心"的一条重要举措。

（3）培训师。

指未来交付这门课程的老师。我强烈建议开发课程的老师和交付课程的老师是同一个人，因为这样安排可以规避一些难以克服的困难。如果一门课程由老师甲开发，然后交给老师乙去交付，那么甲乙之间需要进行大量的、深层次的沟通。否则乙很难真正掌握课程的精髓，现场难以应变，更难以优化、升级课程。

培训师这个利益相关方也常常被忽略，而且经常是被培训师自己忽略。这样的培训师大多具有很高的责任心，他们把注意力几乎全部放到了企业和学员身上，而忽视了自己的需求。这是不对的，有以下三个原因。

① 内训师要平衡利他和利己。现实中，几乎没有人能做到一贯的、全方位的利他，对自己利益长时间的忽略常常会带来后续更大的反弹。真正能做到"求仁得仁，又何怨乎"的人是很少的，因此内训师要正视自己的需求。

我常常在"课程开发"这门课程的培训现场让学员们思考一个问题："一场内训课程下来，先不要告诉我学员们有什么收获，请先告诉我作为内训师，你有什么收获？你的什么需求得到了满足？"每次这个时候，我常常先收到一片惊讶的目光，停顿一下之后，是学员们释然的点头和微笑。

② 关注内训师的需求关乎 TTT 项目的可持续性。要想确保企业内部 TTT 项目健康、可持续地发展，除了高层的重视以外，还必须解决内训师团队的内生性激励问题，就要设法确保每场课程取得成功。成功的标准是学员、内训师、企业三方都要满意。如果内训师不满意，这样的课程也难以持续地进行下去。要想使内训师满意，就需要认真关注内训师本身的需求。满意是人的一种情绪状态，出现在人的需求被满足之后。

③ 扎扎实实地满足内训师的需求，会让全体学员获得更大的利益。从实施一次培训的角度看，内训师是这次活动的"灵魂人物"，台下数十名乃至数百名学员接下来的学习之旅是否有成效，主要取决于内训师的表现。而决定内训师表现的，无外乎其意愿和能力，其中意愿又是第一位的。提升内训师的意愿度，需要挖掘和满足内训师的需求。

综上，内训师是重要的利益相关方，其需求不能被忽略。

（4）学员的服务对象。

包括上级、跨部门同事、客户等。只搞清楚学员的需求有时候是不够的；如果能够更深入一步，搞清楚学员服务对象的需求，就完全有可能真正服务好学员，甚至超越学员的期望。所以，如果条件具备的话，内训师应直接与学员的服务对象沟通，收集更精准的一手信息，以便更有效地帮到学员。

（5）HR伙伴。

常常扮演企业方代表的角色。HR作为人力资源管理者、培训管理者，也可以补充相应的需求。

一门培训课程就是一道精神大餐，培训师很像厨师，总是要迎接"众口难调"的挑战。一次培训取得成功的典型标志就是能获得各个利益相关方的满意，这件事从调查研究各方的需求开始。

培训需求收集表如表4-1所示。

表4-1 培训需求收集表

利益相关方	事件、案例等	培训需求
老板	上级企业摸底排查本企业的客户服务质量，结论是不满意	优化客户服务流程、提升客服代表沟通能力，以提高本企业的客户服务质量
拟参训学员	有的客户无法沟通，很郁闷；与客户发生争吵，被投诉	提升沟通水平；提升客户满意度；改善情绪
培训师	作为客服主管，经常要给客服代表善后，很浪费时间，很烦躁	提升客服代表的沟通能力，减少投诉，节约时间，调整情绪
客户	客服代表听不懂我的意思，浪费我时间	提高客服代表的倾听能力
HR	以前的客服代表培训总是照本宣科，学员们参与度不高	提高课程的互动性，提升课程吸引力
……	……	……

综合分析以上各方需求不难看出，老板、拟参训学员、培训师、客户四方的共同需求是：提升客服代表的沟通能力。他们还有一些差别，比如，老板的优化客户服务流程为非培训需求，老板关心更终极、更宏大的问题——本企业的客户服务质量；学员、培训师以及情绪管理的需求；HR补充了一个需求点——课程要提高吸引力。

前文提到，培训不能解决所有的问题，只能解决与人直接相关的问题，比如人的态度、知识、技能。非培训需求就属于培训不能解决的问题，要靠行政、管理等手段来解决，即靠"管理建议"解决。

老板关心更终极、更宏大的问题，培训课程只能提供一部分的解决方案，"管理建议"可以提供另一部分，二者加起来通常可以为老板提供比较全面的解决方案。"情绪管理"等其他培训需求可以考虑另外安排课程来满足。"课程要提高吸引力"在后续的课程开发中要引起课程开发者的注意。

在收集并处理了各利益相关方的需求之后，我们可以进一步确定课程面向的学员。

3. 确定课程对象

前文提到，如果学员范围过于宽泛，势必影响培训效果，因此对于受训对象的选择，需要确定筛选标准。

一个合格的课程题目本身就是一个筛选标准，可以先筛出对这个题目感兴趣、有需求的人。这是从学员角度来看，但是从老师角度来看，不一定每个有需求的学员都适合参加这门课程，因为任何一门课程所要传递的知识、技能等都需要一定的基础。这个基础老师最清楚，需要将其表述为一个标准，以筛出真正适合的学员。比如，A企业"客户服务"课程所面向的学员为入职客户服务岗位半年以上、具有处理投诉事件经验的员工。为何这样设定？因为"客户服务"课程的设计初衷是提升客服人员妥善处理客户投诉的能力，零基础的客服人员并不适合。再比如我服务过的某制造业集团研发中心的TTT项目，其中一门课程的参训学员要求是：从事产品开发5年以上并完整参与过3个以上发动机零部件开发流程的工程师。

这个标准制定得越清晰，未来参加培训的学员们的基础就越一致，内训师就可以更高效地推进课程、实现课程目标，而不必花费很多精力去补齐学员们的认知差距以及协调学员们的学习进度。

还有一种情况也要引起注意，即如果筛选标准过于严苛，会导致受训对象范围过窄，也会带来一些负面后果。一方面是培训总成本的分摊问题。一次培训课程的总成本其实是非常高的，包括课程开发、课件制作、招生、培训实施、现场组织、训后跟踪等环节。如果一次课程只有很少的人参加，性价比显然不高。另一方面是课程的优化问题。培训过程是老师和学员的互动，学员太少会减弱课程互动的效果，进而减少课程优化的空间，也意味着这门课程开课的频率会很低，如一年只开一次，那么这门课程的优化迭代就会严重滞后，内训师的成长也会严重受限。

学员的筛选标准到底应该怎么制定呢？

我的建议是：参训条件可以尽量低一些，但是不能没有；描述得越清晰，越容易锁定目标学员；具体情况具体分析；最终结论由 HR 与内训师协商确定。

参训学员的标准问题讨论完，再来看培训班的人数确定问题。

我有一个关于培训师与学员人数比例关系的发现。一般来说，培训师与学员人数的比值，会随着学员重要性的提升而变大。比如新员工培训，培训师和学员的比值可以是 1:100，甚至 1:500；主管培训，比值可能提升到了 1:50；高管培训，比值可能提升到了 1:20；总裁培训，比值可以提升到 1:1 甚至 N:1。"1:1"的培训，其实是教练式辅导或顾问咨询服务；"N:1"的培训，其实是私董会，即一群人为一个人提供智力服务。不同比值的确定，是一种性价比的考虑。培训是一种经营手段，而经营手段必须要考虑性价比。因此培训要考虑性价比问题，即必须要考虑"一场培训到底应该安排多少人合适"。这个问题的实质是不同级别的人群应该享有多少培训预算，这是确定每班人数时要考虑的第一个因素。

从培训师的角度看，培训是一种"一位培训师面向多名学员发生的知识传播活动"，即"批量式"的知识传播活动，为保证传播效果，我的经验是，培训班的规模大小应该主要取决于课程内容的性质。

依据企业中的现实情况，可以将常规培训内容分为两大类：非实操类和实操类。非实操类的培训内容是指学员在培训现场主要依赖听讲、做笔记等手段完成现场学习任务，比如安全操作规程、企业制度介绍、企业渠道政策解读。实操类的培训内容是指学员在培训现场主要依靠研讨、角色扮演等互动式手段完成现场学习任务，比如跨部门沟通、辅导下属、团队建设。

如果培训内容属于非实操类型，建议可以适当扩大班级规模；如果培训内容属于实操类型，建议尽量控制班级规模。第一种类型的培训常常采取讲座、演讲等单向灌输的方式，现场多采用"排排坐"的桌椅排布方式，人数可以多达上百人；第二种类型的培训常常采取分组、研讨等双向互动模式，现场多采用"鱼骨图""岛屿式"的桌椅排布方式，人数一般控制在30人以内。培训内容的性质是确定每班人数时要考虑的第二个因素。

以A企业TTT项目为例，综合考虑学员的培训预算和课程内容这两个因素，"客户服务"课程每个班级的人数设定为20～30人，可以分为4～6组。

4. 确定课程目的

确定课程目的可以通过下述一组问题来激发思考，找到答案。

（1）上述各利益相关方需求的交集是什么？

各个利益相关方的需求之间的交集就是课程的目的。

（2）这次培训课程究竟要解决什么问题？

一次培训课程为了提高价值，通常不止解决一个问题，但是所要解决的众多问题之中总有一个问题是根本性的、必须要解决的。怎么找到这个问题呢？可以用下面的问题来启发思考。

"这次培训如果只解决一个问题，会是哪个问题呢？"回答这个问题不大容易，但是经过深入思考，最终所找到的那个问题，就是"必须要解决"的问题。以 A 企业 TTT 项目为例，"客户服务"课程必须要解决的问题是：提升客服代表与客户沟通的能力。

（3）当课程结束，学员走出教室的时候，最希望他们带走什么？

这是从学员的视角来思考课程目的。培训能改变的是与人直接相关的方面，比如态度、知识、技能，可以用 WHY、WHAT、HOW 表示。这三个方面也需要确定优先级，即哪个方面是这次课程最优先考虑的。优先级的确定关乎这次培训课程的定位。

以 A 企业 TTT 项目为例，"客户服务"课程最终要提升学员的客户服务技能（沟通技能），即当课程结束时学员走出教室，最希望他们带走沟通技能。这门课程的定位是 HOW 类课程，不是 WHY 类或 WHAT 类课程。

（4）和初衷有无差异？如果有，原因是什么？差异有效吗？

这一步是判断到目前为止，所找到的课程目的与开发这门课程的初衷是否一致。如果一致，皆大欢喜；如果不一致，要分析原因，然后来判断这种差异是否合理。如果合理，接受差异，确定课程目的；如果不合理，则调整课程目的以符合初衷。

以 A 企业 TTT 项目为例。开发"客户服务"课程的初衷是提升客户服务质量，到目前为止所找到的课程目的是提升客服代表与客户的沟通能力。这个目的和初衷不是完全一致，原因是初衷所涉及的面更宽，课程目的所覆盖的面较窄。但是这种差异是可以接受的，因为课程目的是实现初衷的根本举措。这是一个检验环节，防止课程目的背离课程开发的初衷。

（5）确定本次课程的培训目的。

课程开发者应该可以用一句话定义本次课程目的了，因为该考虑的问题都已经考虑清楚了。以 A 企业"客户服务"课程为例，课程目的为提升客服代表与客户沟通的技能，属于 HOW 类课程。

在搭建课程框架这个环节，如果前三步做得比较扎实，则第四步"确定课程目的"是比较容易的。

5. 确定课程框架

有了课程目的，就有了搭建课程框架的前提，这是课程开发原则"以终为始"的具体体现。搭建课程框架可以从以下几个方面来着手。

（1）区分课程内容的类别。

关于人类知识的分类，学术界有很多理论，众说纷纭。从企业内训实践的角度看，我认为：WHAT、WHY、HOW 这种分类最简单、最有效。

WHAT 是指事实性的知识，说明事物是什么，包括概念性的知识和程序性的知识，比如目标是什么、企业的战略是什么、产品销售流程是什么。WHY 是指解释性的知识，说明 WHAT 之所以是 WHAT 的理由。比如为什么是这个战略、为什么是这个流程。检验以上两类知识是否获得的最简单方法是由学员复述所学的相关知识。

HOW 是指让人产生正确行为的知识，通常是指在 WHAT 的基础之上（尤其是程序性知识）的大量隐性知识。因此 WHAT 通常是

HOW 的前置必备内容。检验 HOW 类知识是否获得的唯一办法就是观察学员是否产生了相应的行为。这个学习过程离不开老师与学员之间大量的互动，包括老师的示范、引导、反馈以及学员的持续练习、反思、改进等。

（2）分解目的到目标、目标到学习要点。

"分解"这个词意味着这个步骤来自"还原论"。还原论和整体论是方法论领域中长期并存的两种理论体系，大意是：还原论认为事物是可以分解的，只要能将事物分解清楚，就可以掌握事物的运行规律；整体论认为事物是不能分解的，是作为整体存在的，即一方面事物无法完全、彻底地分解，另一方面事物一旦分解将无法还原为原来的事物。两种方法论背后可能有更深层次的、哲学层面的考虑。

还原论其实是假设构成事物的每个要素且要素之间的关系都可以被人类认知，因此理论上任何事物都可以被还原为最基本的要素。整体论其实是假设事物内部总有某些要素以及要素间的关系无法被人类认知清楚，因此只能将事物作为一个整体进行研究而不能通过将事物还原、拆分的手段进行研究。下面分享下我的思考。

人类认识世界的方法论似乎也在经历"否定之否定"的过程。古代人类认识世界更多的是以整体论为主，产生了各种宗教以及类似宗教的解释系统。近代随着生产力水平的提高，以还原论为基础的科学技术获得快速发展，意味着还原论取代整体论成为人类解释世界的主要方法论。人类社会在继续发展，人们逐渐发现，虽然物质生活因科技发展而极大丰富起来，但是还有很多问题单纯依靠科学技术既无法解释，也无法解决。人们需要依靠一种被称作"智慧"而不是技术、方法的东西才能解决这些问题。于是，整体论再次被关注。

回到课程开发，我的经验是对于绝大多数课题而言，还原论总体上是非常有效的，总体规律是，课题的科学成分越高，还原论的有效性越高，因此还原论的占比应该越高；反之，课题的科学成分越低，还原论的有效性越低，因此整体论的占比应该越高。对于绝大多数课题而言，还原论和整体论都是必要的，差别只在于两种方法论的占比不同而已。

企业培训中的绝大多数课题，内训师都可以应用还原论方法进行分解，找到主要影响因素以及要素之间的关系，同时注意给整体论保留空间。

举例来说。对于1.5小时时长的内训课程，我一般建议内训师将课程内容划分为目的、目标、要点三个等级即可，个别课程可能会需要第四个等级（即子要点）。具体的分解方法我称之为"'三种关系'+'两个方向'"，简称"三二法则"。

"三种关系"是指分解一个课题可以借助以下三种关系中的一种或多种：总分关系、因果关系、相关关系。

"总分关系"是指总体与部分之间具有清晰完整的加总关系，即若干部分加总起来就可以构成总体，总体可以拆分成若干部分。比如要培训"发动机的构成"，可以依据总分关系，把构成发动机的各个部件依次作为要点进行说明。

"因果关系"是指前一个事件和后一个事件之间的作用关系，前者是后者的原因，后者是前者的结果。比如要培训"如何提升免疫力"，可以依据因果关系，把影响免疫力的原因依次作为要点进行说明。

"相关关系"可以通俗地理解为"部分的因果关系"，即前后事件之间有一定因果关系，但又不是完全的因果关系。比如要培训"如何教育孩子"，可以依据相关关系，把与孩子教育有关的影响因素罗列出来，依次作为要点进行说明。

再来看"两个方向"。

"分解"这个步骤是整个课程开发过程的中心环节,考验的是内训师对于事物运行规律的了解程度。对于事物运行规律的把握有两个办法:一是经典理论,即教科书、文献等所描述的规律;二是直接和间接的实践经验,即内训师自身实践经验以及周围人实践经验所发现的规律。内训师可以从这两个方向入手,研究课程所涉及事务的运行规律,从而对课程内容进行有效的分解。

分解课程内容的过程,换个角度看就是排布、架构课程的过程。根据课程开发的"以终为始""循序渐进""步步为营"原则,排布、架构课程的时候,需要注意以下几点。

① 确保课程内容紧扣课程逻辑主线。

② 需要从浅到深、从易到难地安排课程内容。

③ 每完成一个模块必须要进行总结以巩固所学内容。

"立足企业问题的整体解决"的开发原则主要来自整体论思想。因此,在每个课件的开发过程中,无论逻辑多么清晰、因果关系多么明确,内训师应经常主动地"跳出圈外",站在"上帝视角"看问题,从为问题提供整体解决方案的角度来思考,以求查漏补缺,完善解决方案。为此,我建议内训师为课程增加一些如开放性的讨论、总结与升华的环节,以完善解决方案,提升课程品质。

(3)时间试算。

"时间试算"是指先计算课程每个学习要点所需时间的总和,再将其与第一步所预设的课程时间进行对比,会得到"小于、等于、大于"三种结果,然后对每种结果做出相应的处理。下面是处理建议。

① "小于"的情况。首先,检查是否有漏掉的要点,可以借机补上。其次,检查重要性高的要点是否表达充分,可以适当增加时长以加强其呈现力度。最后,可以增加互动时间来补齐时间缺口。

② "等于"的情况。这种情况出现的概率极低,万一出现,复查

一遍课程各个要点的设置和用时是否合理即可。

③"大于"的情况。我的建议是删掉重要性低的要点，如果仍然超出一些时间，有两种处理方法：一是根据课程需要增加课程时间；二是将课程拆分为系列课程，部分要点归入后续的进阶课程。

以上调整动作不是一次性的工作，而是每开发完一版课程架构，计算总时长，对比分析新的时间缺口，决定如何调整，然后开发新一版课程架构，循环往复，不断重复以上动作直至时间缺口为零。课程开发是一件灵活性非常高的活动，享受这种灵活性会非常有趣。

（4）确定最终课程框架。

试错法是人类认识世界的基本方法之一，时间试算就是经典的试错法。经过反复的时间试算，课程开发者终于把最宝贵的资源——时间进行了有效的分配，即为每个要点分配了相应的时间资源。至此条件具足，可以确定最终的课程框架了。"客服代表沟通能力之倾听能力培训"课程框架如表4-2所示。

表 4-2 "客服代表沟通能力之倾听能力培训"课程框架

课程名称：客服代表沟通能力之倾听能力培训		
课程目的：提升客服代表沟通能力之倾听能力（HOW）		（1.5 小时）
目标 1：为何要提升客服代表的沟通能力	（WHY）	（15 分钟）
要点 1：什么是沟通能力	（WHAT）	（3 分钟）
要点 2：沟通能力不足有什么坏处	（WHAT）	（4 分钟）
要点 3：沟通能力强有什么好处	（WHAT）	（4 分钟）
要点 4：客服代表为什么要提升沟通能力	（WHY）	（4 分钟）
目标 2：提升客服代表的倾听能力	（HOW）	（75 分钟）
要点 1：什么是倾听能力	（WHAT）	（3 分钟）
子要点 1：倾听能力的概念	（WHAT）	（1 分钟）
子要点 2：倾听能力的层次	（WHAT）	（2 分钟）
要点 2：为何要提升客服代表的倾听能力	（WHY）	（10 分钟）
子要点 1：倾听能力不足有何坏处	（WHAT）	（3 分钟）
子要点 2：倾听能力强有何好处	（WHAT）	（3 分钟）
子要点 3：为何要提升客服代表的倾听能力	（WHY）	（4 分钟）
要点 3：如何提升客服代表的倾听能力	（HOW）	（55 分钟）
子要点 1：学会完整地接收信息	（HOW）	（15 分钟）
子要点 2：学会听出信息的关键点和逻辑层次	（HOW）	（20 分钟）
子要点 3：学会澄清信息	（HOW）	（20 分钟）
要点 4：倾听能力小结	（WHAT）	（7 分钟）

第 3 节

策略设计，举重若轻

所谓"策略"即教学策略，是指培训师在教学过程中为实现教学目标而制订的各种教学计划。教学计划千差万别，以下从培训师对学员施加影响方式的角度，区分三类教学策略：灌输式、启发式、混合式。

1. 灌输式

"灌输式"又名"填鸭式"，顾名思义，这种教学策略是一种线性的、推动式的影响方式，是比较传统的教学方式，常常饱受诟病。这种影响方式在今天人们的日常生活中仍然普遍存在，尤其在各种教学、培训场景下。这种方式为什么其饱受诟病、却又普遍存在呢？

（1）普遍存在的原因。

1）效率高。

学过平面几何的人都知道一个定理——两点之间线段最短。影响别人也是同理，直接发布观点影响对方的效率在理论上可以达到最高。

2）操作简单且舒服。

操作简单是指老师只要梳理清楚要讲的知识，然后按照计划讲就可以了。操作舒服是指这种影响方式是站在影响者自身角度出发的，所以过程对影响者来讲非常舒服。

3）容易控制。

这种方式非常方便控制现场秩序、节奏，给培训师带来了很高的确定性以及安全感。

（2）饱遭诟病的原因。

1）效果难保证。

从表面现象看此方式确实效率很高，但是从实际的效果来看则不一定了。有的时候可能效果不错；有的时候可能效果很糟糕，主要取决于学员的情况。学员方面至少要具备以下三个条件的时候，效果才有可能得到保证。

①学员的主动性、积极性，学习的意愿度、配合度都很高。

②学员们彼此之间的学习基础的一致性很高。

③学员的吸收、理解能力足够匹配老师的灌输节奏。

这三个条件只要有一条不具备，灌输式的教学策略都很难保证整体的教学效果。

2）学员感觉不舒服。

每个人都需要"被看见"，学员们也需要被尊重。然而"灌输式"教学难以满足学员的这种需求，因为其做法是：老师说、学员听；老师主动、学员被动。

3）"灌输式"多数情况下已经过时了。

为什么这样说呢？我们来剖析一下"灌输式"教学背后的基本假设：学生对课题完全不懂，只有"听"的份，没有"说"的资格；老师掌握全部的知识，因此在课堂上拥有唯一"说"的权利。

上述基本假设显然不适用了！今天是信息时代，互联网无处不在，任何信息几乎都唾手可得。任何课题的相关知识，学员只要轻触几下手机，都可以迅速获得足够多的信息，这也就能解释一种常见的现象：老师对着PPT照本宣科，学生们低着头各忙各的。并不是每个学生都故意不认真听讲，而是很多学生认为下课了找老师拷贝一下PPT就可以了，或者自己上网搜相关资料就可以了。

2. 启发式

既然"灌输式"教学策略充满争议，那么有没有替代策略呢？答案是有，它就是"启发式"教学。

所谓"启发式"教学策略是指以学员为中心，使用多种手段调动其积极性、主动性，以**"激发其独立思考"**为核心的一种教学策略及沟通影响方式。"启发"两个字相传来自大约2500年前的中国圣人孔子。《论语·述而》有言："**不愤不启，不悱不发。**"这句话的大意是，不到学生百思不得其解之时，不要去开导他；不到学生已经明白但是仍然无法清晰、准确表达之时，不要去启发他。我的理解是：老师施教的时机很关键。老师应该在学生处于思考、表达的临界状态施予援手、开示学生。

这种做法对学生的价值最大。如果学生的状态远未达到临界点，老师就出手干预，会影响学生潜能的发挥，甚至思考、学习的权利；如果学生的状态超过了临界点，老师迟迟不干预，学生可能会灰心丧气而放弃努力。这种教育方法的前提是，学生自身的努力是决定性的，老师的帮助是辅助性的，只有存在决定性因素，辅助性因素才能发挥作用。这个前提与上文提到的"学习的本质属性"完全一致。

"启发式"教学策略的缺点和制约包括以下两点。

（1）比较耗费时间。

这一点应该不难理解。两点之间只有线段最短，其他的路径都不是最短的。"启发式"教学不是一种线性的、直奔主题式的教学方式，而是一种温和的、具有探索性质的教学方式。"探索"是指老师探索学生的接受能力、接受方式以及最佳干预时机等。探索的目的是适时调整老师的沟通与引导方式，以最大限度地激发学生思考与学习。这种方式从表象上看，花费时间较多，尤其在教学的前期。

（2）对老师的要求比较高。

1）需要老师具有足够的耐心。

耐心的本质是爱心。如果老师真正关爱学生，真正关注学生的学习效果，那么是可以具有足够耐心的。

2）需要老师具有较强的沟通和引导能力。

"启发式"教学不同于"灌输式"教学——只要逻辑能力和表达能力到位就基本上可以完成教学任务；"启发式"教学需要老师善于察言观色，敏锐捕捉学生的学习状态，准确判断学生的需要，科学引导，从而帮助学生高效地学习。

3. 混合式

上述两种教学策略各有优缺点。对于绝大多数企业内训课程，内训师们最终选用的都是"混合式"策略。"混合式"策略就是指"灌输式"和"启发式"教学策略的混合，差别仅仅在于两种策略的占比不同。这种比例关系大多数情况下与教学对象的特点有关，分为两个方面。

（1）学员与老师之间信息不对称的程度。

信息不对称程度越高，越倾向于采取"灌输式"策略，即"灌输式"策略占比越高；信息不对称程度越低，越倾向于采取"启发式"策略，即"启发式"策略占比越高。举例来说，给刚毕业的大学生授课，由于学生们还都是所谓的"一张白纸"，老师就更倾向于采取

"灌输式"策略；给已有工作经验的员工上课，尤其是培训非专业技术类课程，比如管理、沟通这类软性技能课程，老师就更倾向于采取"启发式"策略。

（2）学员参与培训的特性。

学员越热情、越主动，越倾向于"启发式"策略；反之，越倾向于"灌输式"策略。

有一种特殊情况也会影响到现场教学策略的选择，即由于某种原因导致现场教学时间发生变动，教学时间越紧迫，越倾向于"灌输式"策略；教学时间越充裕，越倾向于"启发式"策略。

4. 我的教学设计策略

我总结了一个教学策略设计的**基本思路**。

对于一个培训课题，评估老师与目标学员之间信息不对称的程度，以此为切入点设计教学策略。具体分为以下两种情况。

第一种情况，双方信息不对称的程度高。这种情况下，一般倾向于优先选择"灌输式"策略。如果学员的意愿度、参与度较高，可以在学员已经掌握一定信息的情况下提高"启发式"策略的占比；反之则可以维持"灌输式"策略主导的局面，注意提高讲授的趣味性、生动性，待双方信任建立之后，逐步提高"启发式"策略的占比。

第二种情况，双方信息不对称的程度低。这种情况下，一般倾向于优先选择"启发式"策略。如果学员的意愿度、参与度较高，可以适当地进一步提高"启发式"策略的占比并注意控制时间；反之则可以适当提高"灌输式"策略的占比，并同时注意提高讲授的趣味性、生动性，待双方建立信任之后，提高"启发式"策略的占比。

教学策略设计除了要考虑教学对象的特点以外，还要考虑教学内容的特点。对于WHAT、WHY、HOW三类典型的教学内容，教学策略的选择建议如下。

（1）WHAT类培训内容。

传统做法都是以"灌输式"策略为主，并非完全不可取，至今也有其存在的必要性。同时如有可能，建议创新思维、颠覆传统做法，使用"启发式"策略。

（2）WHY类培训内容。

建议以"启发式"策略为主，尤其对于具有独立思考能力的成年人而言。因为态度、立场等主观认知难以通过灌输手段让培训师与学员之间取得共识。

（3）HOW类培训内容。

建议以"混合式"策略为主。对于学员掌握程序性知识的环节，可以以"灌输式"策略为主；对于学员们将程序性知识转化为自身行为的练习环节，可以以"启发式"策略为主。

仍以A企业的TTT项目为例，说明不同情况下的教学策略设计。"客服代表沟通能力之倾听能力培训"教学策略如表4-3所示。

表4-3 "客服代表沟通能力之倾听能力培训"教学策略

课程名称：客服代表沟通能力之倾听能力培训	教学策略1	教学策略2
学员状况	参与度高 经验少	参与度高 经验多
课程目的：提升客服代表沟通能力之倾听能力（HOW）（1.5小时）	混合式	混合式
目标1：为何要提升客服代表的沟通能力（WHY）（15分钟）	混合式	混合式
要点1：什么是沟通能力（WHAT）（3分钟）	灌输式	混合式
要点2：沟通能力不足有什么坏处（WHAT）（4分钟）	启发式	启发式
要点3：沟通能力强有什么好处（WHAT）（4分钟）	启发式	启发式
要点4：客服代表为什么要提升沟通能力（WHY）（4分钟）	混合式	启发式
目标2：提升客服代表的倾听能力（HOW）（75分钟）	混合式	混合式
要点1：什么是倾听能力（WHAT）（3分钟）	灌输式	混合式
子要点1：倾听能力的概念（WHAT）（1分钟）	灌输式	混合式
子要点2：倾听能力的层次（WHAT）（2分钟）	灌输式	混合式
要点2：为何要提升客服代表的倾听能力（WHY）（10分钟）	混合式	启发式
子要点1：倾听能力不足有何坏处（WHAT）（3分钟）	混合式	启发式
子要点2：倾听能力强有何好处（WHAT）（3分钟）	混合式	启发式
子要点3：为何要提升客服代表的倾听能力（WHY）（4分钟）	混合式	启发式
要点3：如何提升客服代表的倾听能力（HOW）（55分钟）	混合式	混合式
子要点1：学会完整地接收信息（HOW）（15分钟）	混合式	混合式
子要点2：学会听出信息的关键点和逻辑层次（HOW）（20分钟）	混合式	混合式
子要点3：学会澄清信息（HOW）（20分钟）	混合式	混合式
要点4：倾听能力小结（WHAT）（7分钟）	混合式	混合式

小 结

1. 教学策略，即教学计划，分为灌输式、启发式、混合式。

2. 教学策略设计需要重点考虑受训学员和培训内容两个方面。

3. 学员方面，要考虑其与老师之间的信息不对称程度并进一步结合学员的参与度进行更精细化的策略设计。

4. 内容方面，则可以根据 WHAT、WHY、HOW 三类内容的特点而进行策略设计。

第4节

15 种手段，各有妙用

"手段"即教学手段，是指为实现教学目标的具体措施，包括讲解、收集、预设、示范、点评、总结、展示 PPT、展示图片、播放视频、案例教学、小组讨论、角色扮演、做游戏、分享、头脑风暴，以下分别做出说明。

1. 讲解

它是指在培训课堂上，一人面向多人，给出一段主旨发言的教学手段。讲解者可以是老师，也可以是学生。讲解是老师教学过程中所运用的最基本的教学手段，贯穿课程始终。

在一个教学模块的开头、中间、结尾处的讲解，其功能各有不同。开头处的讲解通常告知学员整个模块的主题、意义等信息，激发学员的兴趣；中间处的讲解力求用最简洁的语言把每个知识点讲清楚；结尾处的讲解通常对整个模块进行总结和升华。老师也可以邀请学员进行讲解，检验学员的知识掌握程度，或是请学员分享经验、心得等。讲解建议关注以下几点。

① 讲解的逻辑要清晰、简单。

成年人理解任何事物总是会不经意地分析其逻辑上的合理性，觉得逻辑上成立就愿意接受这个观点；觉得逻辑上说不通就不接受这个观点。另外在口头表达的过程中，要尽量让逻辑简单一些，否则会增加听众的大脑负担，而听众一旦不能及时处理所接收到的信息就会卡壳，导致糟糕的听课体验。

② 避免书面语，多用短句子，保持口语化。

③ 为提高吸引力，可以设置悬念、进行铺陈等，注意紧扣主题。

④ 保持讲解的结构化，"总分总"结构是永恒的经典。

⑤ 高潮处、结尾处鼓励使用金句。

所谓"金句"，是指高度凝练的句子，发人深省、给人力量。

2. 收集

顾名思义，它是指老师收集来自学员的反馈信息，具体行为表现是：提问题。 常见问题有"谁来分享一下对这张图片的感受""看完这段视频有什么感想？谁来分享一下"等。收集问题的作用非常重要：一方面可以让学员获得被尊重的感觉；一方面可以让老师及时了解学员的状态，以便动态调整课程，确保培训效果最大化。

如何做好问题收集呢？建议如下。

（1）精心设计问题。

关于这个话题，可谈的内容有很多，由于篇幅所限，建议着重关注以下三点。

1）多问开放式问题。

所谓开放式问题，就是没有标准答案的问题，比如5W1H问题，即WHY，WHAT，WHO，WHERE，WHEN，HOW。相对的是封闭式问题，指有确定答案选项的问题，比如，你选 A 还是选 B。这类问题的目的主要是向提问者确认某种信息，而不是收集更多信息。相比于封闭式问题而言，开放式问题可以更高效地收集信息。

2）问题需适度开放。

问题如果太开放，会增加回答难度，比如你问对方"你怎么看中国经济"，对方大概率会卡壳。因此需要为开放式问题增加一些定语，来限定问题的范围，让问题更有针对性，以便回答者可以在较短时间内想出一些有效的答案。比如你可以问"你怎么看待2024年中国大湾区的经济状况"，对方应该可以更容易回答。

3）学会组合使用开放式问题和封闭式问题。

简单说，封闭式问题一般可以设计在对话的开始环节，用来确定谈话方向；对话的中间环节可以多设计开放式问题，用来收集信息；对话的结尾环节可以设计封闭式问题来总结和确认结论。

（2）老师保持开放状态。

现场所收集到的观点难免和老师预设的结论不一致，这个时候老师需要保持足够的开放度，无条件地接纳不同观点，而不是第一时间表现出不满、厌烦，甚至批评。因为，如果做不到无条件接纳学员的观点，就会让学员感到讨论是没有意义的，而放弃讨论甚至拒绝参与下一次的讨论。这种情况无论对于课堂气氛还是培训效果都是灾难。因此，老师需要避免先入为主的思维定式，须知学员反馈中通常会有一定比例的观点会落入老师备课范围之外，这部分观点恰恰是课程迭代升级的重要源泉，可以作为课程的有益补充。如果老师具有开放的胸怀，则会珍视和感恩来自学员的不同观点。

收集和讲解是最基础的两种教学手段，从某种意义上说，二者是同等重要的。综合使用这两种手段可以让老师和学生之间的信息交互更高效，每次信息交互都可以增加信息量，培训的价值也因此可以不断提升。

3. 预设

它是指每个老师将要提出问题时，先站在学员的视角，模拟出学员的反馈并制定应对策略。收集是提问，预设是假想的回答。培训就像老师和同学共同出演的一部话剧，人物之间有问有答，推进剧情发展。如果有问无答或答得很尴尬，则剧情难以展开。预设就是猜想、假设、模拟学员的回答、反应，以此来检验并优化所设计问题的有效性，努力确保师生之间问答过程的顺畅。同时，预设可以让老师对于学员的反应有准备，从而可以从容应对。怎么做预设呢？

（1）换位思考。

老师调动自己的经验、阅历，努力换位到各类学员的视角来给出答案，然后依据答案来修正所问的问题，同时制定应对策略。

（2）引入外援。

在课程开发阶段，有条件的话，内训师可以引入学员代表，收集其对于各种问题的真实反应，依据这种反应来修正问题以及制定对策。这种方法最直接、最有效，只是成本较高。

4. 示范

它是指老师讲解完动作要领之后，亲自演示给学员看。HOW类培训涉及人的动作、行为，老师一定要设法进行示范。前文提到过HOW类内容培训的特殊性——总是涉及大量隐性知识，即无论程序性知识讲得多么详细也无法涵盖全部。这部分涵盖不到的知识，通常被称为"隐性知识"，只能通过学员的观察、体验、尝试、感受、交流才能个性化地获得。其中，观察是最基础、最重要的事情。学员观察什么呢？当然就是老师的示范，老师的示范直接关乎其学习效果。怎么进行示范呢？

我一般会示范三次。第一次，完整地示范整个动作，让学员获得整体感受。第二次，示范分解动作，每示范一个动作后暂停，确认学员理解后再示范下一个动作，然后再暂停，再确认理解，以此类推，直至示范完全部动作。第三次，我会再次完整地示范全部动作，帮助学员复习巩固所学的动作要领。这个过程中需要注意两点。

① 老师要特别注意学员的反应，调整示范的节奏，保持和学员的交流，随时掌握学员的状况，同时可以及时优化自己的呈现。

② 老师示范的时候，无论音量、音调、语气、表情、动作，都可以适度夸张，以提高对学员的影响效果。老师在台上的示范实质是一种表演，表演要想达到预期效果都需要一定程度的夸张。

5. 点评

它是指对于学员反馈的反馈。学员反馈包括回答问题、分享任务结果等。点评很重要，我的经验是：越是经验、阅历丰富的学员越是看重老师的点评。比如沙盘模拟课程，经验少的学员往往更关注沙盘游戏本身，而经验丰富的学员更关注老师对于学员做法的点评。点评的本质是帮助学员跳出自身视角的局限，获得外部独立视角的评价意见，从而帮助学员获得修正自身行为的机会。

每位学员都希望获得自身的进步，而这种进步往往意味着尝试新行为、走出自己的舒适区。这种尝试很难一次做对，甚至不知道对错，因此尝试的过程特别需要及时的反馈。点评仿佛就是学员尝试新行为过程中的"及时雨"，非常重要。

（1）确保所点评的内容经得起推敲。

老师的专业能力要过硬，要有理论基础和实践积累。

（2）换位思考，真正理解学员的所思所想。

老师只有结合学员的真实内心活动来进行点评才能真正触动学员，而不是单纯地灌输专业知识。

（3）照顾学员的感受。

学员就像孩子一样总是会犯错，有的错误甚至很荒唐。老师点评时，一不小心就会落入家长式说教的陷阱，甚至批评、指责学员。这种点评很可能引起学员的反弹，导致师生之间的信任关系遭到破坏。但是有错误又必须要指出来，怎么办呢？秘诀是**温和而坚定地表达**。温和，指对人是温暖的、无条件关爱的；坚定，指对事是有原则的、有对错的。

（4）点评步骤建议如下。

① 先肯定学员做得对的地方。

② 再指出学员做法中可以改进的地方。

③ 征求学员对于老师上述点评的反馈意见。

6. 总结

它是指对于一段讨论、分享或讲解进行提纲挈领式的归纳，梳理出全部要点的动作。总结重要吗？有的人可能会觉得总结太浪费时间，所以常常跳过这个环节。这样的人对于遗忘曲线或许不大了解。

德国心理学家艾宾浩斯研究发现，遗忘在学习之后立即开始，而且遗忘的进程并不是均匀的：最初遗忘速度很快，以后逐渐缓慢，遗忘曲线试验数据如表 4-4 所示。

表 4-4　遗忘曲线试验数据

时间间隔	记忆量
刚记完	100%
20 分钟后	58.2%
1 小时后	44.2%
8 小时～9 小时后	35.8%
1 天后	33.7%
2 天后	27.8%
6 天后	25.4%

一次培训课程结束之时，学员如果不进行任何总结、复习，那么一个小时之后，学员对于课程所学知识的记忆量只有不到 50% 了。这是多么高的遗忘率啊！怎么办呢？只有及时进行总结、复习。艾宾浩斯已经用严谨的实验证明了这一点。培训中老师进行课程内容总结的环节绝不是可有可无的，而是为保证培训效果所必须进行的教学环节，具体做法如下。

① 对于培训中的每个模块，第一时间进行总结。

② 对于每节课程，在下课前进行总结。

③ 根据时间多寡可以选择先小组总结再全班总结，或直接全班总结。

④ 每次都可以先邀请学员总结学习要点，再由老师做补充。

⑤ 总结的过程中，老师可以适时地进行学习要点的扩展和升华。

7. 展示 PPT

PPT 是 Power Point 的缩写，是一款图形演示文稿，在电脑上编辑好，通过幻灯片的形式演示出来。由于 PPT 可以播放文字、图片等内容，连接音频、视频等素材，演示功能非常强大，因此，PPT 几乎是每位老师的必备教学手段。市面上关于 PPT 制作技巧的书籍汗牛充栋，五花八门，大多旨在提升课件的呈现水平，以增强课程对于学员的吸引力。有很多老师花费大量时间研究、打磨自己的课件PPT。我对于这种现象持保留意见。

提升课程的吸引力，本来无可厚非，是老师的应尽之责，但是手段有多种，而一个老师的精力总是有限的。因此，老师们需要把有限的精力更优先地分配到提升课程吸引力这一最根本的手段上，即提升课程内容质量，包括所阐述观点的深度、所总结规律的有效性等，而不是把精力过多地分配到课程形式和包装上面。

这是一个度的问题。关于这个问题，我有一个观点：对于授课经验较少、能力较弱的老师，鼓励使用PPT等手段，提高课程的吸引力，以更好地影响学员；对于授课经验较多、能力较强的老师，尽量减少使用PPT等手段。极端的情况是，完全不用这类手段，意味着教学过程回归最原始、最朴素的状态。什么状态呢？孔子、老子等古圣先贤们的教学的状态，耳提面命、口口相传。我有幸体验过这种状态，感受完全不一样，老师和学生都可以获得极大的满足。

2021年12月，长春市某高等专科学校的培训现场，上午9点课程准时开始，8点半本调试好的电脑突然死机了，投影仪的幕布上一片蓝色。我犹豫片刻关掉了投影仪，开始进行"耳提面命、口口相传"模式的教学。一个半小时之后下课休息，一群同学围上来，要求添加我的微信。一位同学兴奋地说，这是他参加过的最棒的一次培训。我也非常兴奋，感觉一个半小时似乎一眨眼就过去了，还有很多话没来得及说。为什么当培训回归人与人最朴素的交流上，反而可以获得超凡的效果呢？

先来设想一个场景：老师在培训中所演示的PPT美轮美奂、精彩纷呈，一下课同学们围上来举着U盘向老师请求："老师，这个PPT太酷了，我能拷贝一下吗？"请问，这个时候，这位老师的感想如何呢？多年前，我偶尔也会遇到这样的场景，我的感受比较复杂，一方面有点得意，毕竟得到了学生们的某种崇拜，哪怕是PPT制作技巧；另一方面有点沮丧，你们怎么没关注我的课程内容呢？随着阅历、经验的增加，我越来越不愿意遇到那种场景了，也慢慢想清楚了其中的道理。

培训说到底是人与人的连接，不是PPT、音频、视频与学员的连接，如果那样的话，学员们不如回去看大片、音乐会。当培训回归到人与人之间最朴素的交流时，即不再借助他物而是直接面对面交流，彼此的注意力可以全部集中在对方身上，双方都可以全身心地参与到彼此间的交流中。这样的连接是最自然的，也是最高效的。这样的交流当然可以获得超凡的效果。

对于绝大多数老师、绝大多数主题而言，PPT仍然是不可替代的教学手段，具体使用方法建议关注以下几个方面。

①PPT是课程展开的载体，课程的整体逻辑以及各个模块内部的逻辑都是通过PPT表达的，因此PPT的逻辑性是最重要的。

②PPT上的文字不求面面俱到，只求提纲挈领，因此PPT上应该只出现关键词，而不应该出现大段的表述。大段的表述是老师讲解的内容，如果老师无法背诵或复述，可以提取重点写到卡片上随身携带，以备不时之需。

③PPT上的颜色不宜过多，避免对学员造成视觉污染。有研究发现，一张图片上的主要色彩如果超过3种，就会给观众造成一定的困扰。

④PPT的"华丽"程度，应随着课程主题、老师自身能力、学员接受程度而做出适当调整，不可哗众取宠，应以紧扣课程主旨为准。

8. 展示图片

图片即由图形、图像等构成的平面媒体。经验告诉我们，有很多时候，一张图片抵得过千言万语。当我们需要介绍、描述一件事物的时候，比如要描述雨后的彩虹、含苞待放的花朵、宇宙的星团、人体的细胞，这个时候语言常常是乏力的，图片具有一定的不可替代性。因此，课件中如果能插入合适的图片，一定可以为课程增色不少。图片是一种高频使用的教学手段，具体建议如下。

①注意平时的积累，遇到特别有说服力的图片，第一时间收藏保存起来。

②任何一幅图片本身都是无目的性的，然而培训是有目的性的。因此在展示图片前后，老师需要对学员做出引导，以指引学员靠近培训目标。

③不要被素材"绑架"。我曾遇到这种情况：有个学员在其课件中插入了一张令人惊艳的图片，问其何故，答曰少见，我只得耐心地与其回顾课程开发原则之"以终为始"。

9. 播放视频

视频是指各种影像资料。图片是静态的、无声的影像，而视频是动态的、有声的影像。可见，视频比图片所承载的信息量要大很多。

当需要揭示一个过程是如何发生的时候，语言的效力远远不如一段视频更能说明问题。视频其实是由音频加上一组连续的图片所构成。这组连续的图片就是这个过程中所发生的一系列的动作或状态。比如，要使培训学员掌握游泳技能，可以先给学员观看游泳的视频；要教会学员做一道菜，可以先给学员看做菜的视频。使用视频建议具体如下。

① 注意积累高质量的视频资料。

② 视频资料可以展示每个动作、步骤，但是不一定会揭示其背后的原理，这就需要培训师在备课的时候搞清楚原理并组织语言表述出来，以备课程之需。

③ 培训师所收集到的视频资料通常都不是专门为课程准备的，因此，在使用这些素材的时候，培训师在使用前后仍然需要对学员进行必要的引导，以推进课程目标的实现。

④ 不要被视频资料"绑架"。一件往事记忆犹新。几年前，我给某机场集团培训 TTT 课程，其中一位内训师在展示课程的时候播放了一段暴徒械斗的视频。现场看得我心惊肉跳，勉强坚持到视频结束，我问他播放这段视频，背后的教学要点是什么。他说："我觉得你们肯定没看过。"我一时不知该作何回复。最后在我的劝说下，他在课件里删掉了这段"精彩"的视频，让课程回归正轨。

⑤ 注意"节约"学员的注意力。视频资料通常非常抓眼球，可以迅速、大量地消耗学员们的注意力。因此，老师在使用视频资料的时候要适度，以确保学员的注意力得到最有效的利用。

10. 案例教学

案例是指工作、生活中真实发生的，具有较高培训价值的典型事件。案例的呈现，可以是文字、视频等形式，篇幅可长可短。案例教学是培训师在课程中经常使用的一种教学手段，包括两个部分：案例开发、案例交付。

先来看案例开发。培训是一个有目的的、闭环性的学习活动，即培训中所设定的各种情景都是有答案的。这一点不同于商学院的教学。商学院的教学以解决问题为手段，以提升学生能力为目的；而企业内训是以训练和提升员工能力为手段，以解决企业真实问题为目的。二者正好相反，是完全不同的视角。因此，商学院的案例往往极其发散，没有标准答案。开发企业内训中所需要的案例具体建议如下。

① 在课程框架中确定要表达的学习要点。

② 以这个要点为标准来匹配、筛选相关事件。

③ 基于核心事件，从学习要点倒推出所需的过程性观点或结论。

④ 以过程性观点或结论为答案反向设计所需的问题。

⑤ 如有必要，将核心事件划分为几个部分，构成案例的上、中、下篇。

再来看案例交付，其步骤如下。

① 面向学员直接下发案例，而不提前预设立场。

② 为学员留出必要的阅读和思考时间，尽量照顾速度较慢的学员。

③ 根据现场人员数量、课程时间等条件决定直接邀请学员分享还是先小组讨论再派代表分享。

④ 学员分享的过程中，利用板书关键词及时引导。

⑤ 全部分享结束后，依托所记录的关键词进行案例总结，阐述学习要点，推进课程目标的实现。

老师的角色不是高高在上的权威、企业管理层的代言人，而是一位引导员、一位真诚参与讨论的朋友、一位有经验且值得信任的前辈。最后的结论绝不是强加给学员的，而是来自学员讨论所达成的共识以及老师的一些智慧点播。

通过以上过程，学员可以获得以下体验：看到了一个真实的、具有挑战性的工作场景，有点压力，有点兴奋。学员经过分析、综合以及小组讨论等群策群力的过程，充分利用所给条件，甚至创造条件，最终构建出满意的解决方案，即找到了正确答案。

案例教学的独特价值就在于，学员们现场经历了一次解决问题之旅、一次学习成长之旅，有压力、有焦虑，有欣慰、有喜悦，不知不觉中收获了知识，提升了能力。学员们没有被灌输，始终处于被充分尊重的状态，整个学习过程是自觉、自愿发生的，体现了教学过程的高度民主化。最精妙之处在于，在上述愉快学习之旅的尾声，学员大概率可以得出预设的答案，这个答案当然体现了企业的价值导向。老师的作用在于不动声色地引导学员自然地、舒适地、愉悦地，甚至有点兴奋地完成了这次探索、学习和成长之旅。

因此，成功的案例教学可以带来三方面的价值。

① 学员获得了正面的感受。

② 学员能力得到了提升。

③ 企业价值得到了有效传递。

案例开发和案例交付是辩证统一的关系。案例开发时要充分考虑案例交付时的场景和学员的反应，案例交付时要充分理解案例设计的原理以利于现场的灵活应变。

11. 小组讨论

小组讨论是指老师将培训现场的学员分为若干组，然后给各组发布一个相同或不同的题目，邀请小组全体学员在规定时间内，对题目进行讨论，并派出代表总结讨论成果、面向全班做分享，最后由老师做总结和升华以获得班级最高智慧的一种教学手段。

这种教学手段的主要价值在于，可以充分鼓励小组内每位成员贡献自己的知识、经验、智慧等，群策群力、集思广益，凝聚小组共识，然后经由全班各组分享而积累班级成果，最后借助老师的总结和升华获得班级的最高智慧。

所谓"最高智慧"，就是指一群人经过讨论、互动之后，得到的最后的、坚定的共识。获得最高智慧，是一群人在一起讨论事情、分析问题的根本目的，也是这群人互动能否达到最佳效果的检验标准。这个概念是怎么来的？

时间回到2015年秋，地点回到上海嘉定区某培训中心。一周的培训时间已经过半，课程开发进入深水区。记不清是哪位同学问了我一个很严肃的问题："公司投入巨大成本让我们到这里开发课程，我们怎么知道自己所开发出来的课程是不是最好的呢？"我思考了片刻，回答道："对于'客户服务'这个课题，你们公司还有没有比你们更懂这件事、该来而没来的同事？""没有了！""你们在整个开发过程中，是不是已经'知无不言、言无不尽'了？""是的！""你们总共12个人，事实上，每个人都有一票否决权，经过了各种讨论，现在你们是不是已经充分达成了共识？""是的！"我说："既然这样，现在你们所开发出来的课件就是当下贵公司所能拿到的最好的课件了，没有之一。这套课件就是我们这个团队当下所能得到的最高智慧。"大家疑虑尽消，信心倍增。一群人开发课程是这样，一群人开会讨论问题也是如此，都是为了拿到最高智慧。

培训现场，经由全班同学讨论所获得的这种最高智慧常常可以提升老师原有的认知，助力课程的迭代和升级。"小组讨论"具体如何操作呢？建议如下。

①分组，我的经验是每组人数4～7人为佳，可以最大限度地兼顾到讨论的效率和效果。人数过少，减弱讨论效果；人数过多，降低讨论效率。正常的话，一个班级分为4～6组为宜，这个组数适合每次集中讨论一个题目。如果组数过多，比如达到了9组，可以考虑每

3个组讨论一个题目，全班3个题目通常构成并列或互补的关系，否则，可能会导致后发言的小组重复之前的观点或无话可说。

②确保所抛出的题目含义清晰，没有歧义。如有必要可以举例说明，以确保全体学员对所问的问题有基础性的共识。

③规定讨论时间，老师负责计时以及定期提醒。

④宣布讨论开始之后，老师一般情况下不要再补充规则，以免打乱学员讨论节奏、损害学员对老师的信任，除非遗漏了重要规则。

⑤开始讨论之后，老师需要移步到各组观察学员反应，搞清楚几件事。

A. 多数学员是否正确理解了题目的意思。

B. 所讨论题目的难度是否合适，可以针对每个小组的不同情况，做出适当干预，平衡各组的进度。

C. 小组讨论的主持人表现如何，必要的时候可以做出适当干预。

另外，这种近距离观察还可以为老师提前收获一些有价值的观点，为全班分享以及最后总结做准备。

⑥准时结束小组讨论环节。这个准时不是绝对意义上的，而是相对意义上的，即以老师口头宣布的时间为准，由老师视情况而定。

⑦用随机性确定各小组进行第一轮全班分享的出场顺序，规定分享时间，并发布两条纪律。

A. 规定每组分享观点的上限，比如3个。

B. 规定后发言的小组不能重复之前的观点，只能补充新的观点。

这两条纪律兼顾了效率和公平，对每个组都适用。第二轮及以后的每轮全班分享，设法确保每组都能获得首发位置即可。

⑧每位小组代表发言的时候，老师板书全部或部分的关键词，以指向培训目标为准，并注意控制其发言时间。

⑨在全班学员所贡献的智力成果之上，老师进行总结和升华，取得

全班学员的共识，并将共识落到学习要点上，推进教学目标的达成。

有人可能会问，既然是开放式的讨论，如何保证讨论的结论最后完全落到教学目标之内（下文用"圈内"代表）呢？我的答案是无法完全保证，因为如果要完全保证，势必会做强力的引导而损害学员的上课体验，最终损害培训效果，得不偿失。事实上完全没有必要这样做，而且应该期望部分讨论结果落到教学目标之外（下文用"圈外"代表），除非老师认为自己是最厉害的、全能的。

培训课程是针对企业内部的一种典型挑战，是由那些比较善于解决问题的人扮演内训师的角色，设计一种自带参考答案的学习活动。这种参考答案肯定是不错的解决方案，否则不能成为培训课程。但是大概率讲，这种解决方案不是完美的、最佳的，因为总有更好的。因此，现场讨论环节并不排斥既定答案之外的答案，且会把这些答案看成是优化现有方案的机会。这有可能引发一个新的问题，如果讨论的结果都落到了圈外怎么办？

这应该是一个小概率的事件，除非课程开发或课程组织过程中出现了重大的失误。那么真正的问题是，多少比例的答案落在圈外比较合理呢？我的经验是10%～20%的讨论结果落入圈外，80%～90%的讨论结果落入圈内。从这个意义上说，每一次的小组讨论，都是一次课程的迭代升级。这是"小组讨论"这种教学手段的特别之处。

这种教学手段主要适用于哪些培训课题呢？小组讨论非常适用于仅有参考答案且没有完全意义上的标准答案的课题，比如如何降低成本，如何增加收入，如何提高新销售员的留存率。管理领域的诸多问题，大部分都适用。因为这些问题既不是科学问题，可以获得严格的验证以及标准答案；也不是完全不可知的问题，总有经验可以借鉴。

一言以蔽之，只要是能够从一群人中间收集信息、激发创意、积累共识的场景都适用，因此小组讨论这种教学手段适用面非常广泛。

12. 角色扮演

角色扮演是指基于某个故事情景，老师邀请学员扮演部分或全部角色，运用所学知识，演绎故事情节的一种教学手段。这种教学手段的好处如下。

① 可以帮助学员学习换位思考，体验不同角色的真实处境，体悟其所思所感。

② 可以激励学员充分、灵活地运用所学知识以及发挥想象力，调动自身全部潜能，现场解决问题，以提升综合实战技能。

这种教学手段如何实施建议如下。

① 课前依据教学目标编写故事剧本，设定时间、地点、人物、事件、冲突等要素，其中，人物一般2～3人，主角1～2人。

② 现场操作的建议：一般先小组演练，再全班演练，如果时间不够，则直接全班演练。小组演练通常是指以小组为单位，每个小组推举一位主角、一位配角，其余成员作为观察员，由主角和配角在规定时间内完成故事情节的演绎，观察员给出反馈意见。全班演练是指全班推举一位主角、一位配角，其余学员都作为观察员，主角和配角在规定时间内面向全班同学完成故事情节的演绎，由观察员给出反馈意见，可以邀请表演者分享感受和演绎的理由，最后由老师点评总结。

这种教学手段的最大特点是非常生动，学员们的代入感极强，培训体验非常深刻，往往可以给学员带来更高的培训满意度和更持久的记忆留存。但是挑战也很明显，老师无法控制上台进行全班表演的学员的状态和表现，对老师的引导能力、控场能力要求很高。对此，我有以下两点建议。

① 小组演练环节，老师深入观察，尽力发现优秀"演员"并引导其在全班出演。

② 必要时老师亲自上阵，扮演关键角色。

13. 做游戏

游戏是指以直接获得快感为主要目的，且必须有主体参与互动的活动。这说明了游戏有两个最基本的特性：以直接获得快感（包括生理和心理的愉悦）为主要目的；主体参与互动。在企业培训中，我认为需要为游戏活动分配一定的培训时间，以激发学员参与培训的兴趣。企业方代表可能不大同意我的这个观点，因为培训的成本太高了，怎么能占用培训时间让员工们做游戏呢？关于这个问题，我相信没有标准答案，需要具体情况具体分析。上述观点的理由是，"二八法则"和人群的"正态分布原理"，下面我展开来讲。

对于极端喜爱培训的人，游戏活动是不需要的；对于极端厌烦培训的人，游戏活动也难以激发其兴趣。这两类人加起来只占培训人群的 20% 左右，另外 80% 的人群对于培训的接受度处于中间状态——既不特别喜欢也不特别厌烦，构成了正态分布钟形曲线的主体部分。这部分人群不同于 20% 占比的人群，他们对于激励是敏感的。老师如果能让学员在培训中通过游戏收获愉悦体验，这将对培训产生正面影响。这就是游戏的独特价值，其作用有点像炒菜时所用调料的效用。而且，游戏如果能一定程度地契合培训主题，其价值更是不可低估。拓展培训、沙盘模拟培训，都是以游戏活动为主要载体开发出来的培训形式。

寓教于乐是一种提升教学质量的常识。至于游戏活动到底应该占据一场培训多少的比重，这是一个仁者见仁智者见智的问题，与培训主题、学员背景、老师风格都有关系，只能具体情况具体分析。培训中如何实施游戏活动呢？建议关注以下几点。

（1）游戏规则要清晰。

游戏需要学员们自主参与，参与的依据就是游戏规则。游戏通常会迅速激发学员们的兴趣，如果规则不清晰，学员们则会无所适从，原本较高的期望会迅速转化为失望甚至不满。

（2）游戏规则要尽量简单，以降低学员的认知负荷。

学员的情况参差不齐，老师需要尽量照顾理解、记忆能力较弱的学员来设定游戏的复杂度、难度。

（3）游戏中的竞争、奖惩环节的设计要适度。

游戏活动通常都伴有竞争、奖惩的设计。竞争是激发学员参与的一个重要方法，但是老师不可把竞争气氛渲染过度。奖惩的规定也是同理，要适度。有些培训课程会有例外，比如一些"身心灵"个人成长类的课程，有时会把惩罚作为一个关键教学环节，这种情况另当别论。

14. 分享

分享是指向周围伙伴讲出自己的感受、想法、观点以及所知道事件、故事、案例等信息，以供其他伙伴们参考、借鉴。从呈现形式来看，分享和讲解非常相似，都是一个人面向其他人，单向地输出语言等信息。但是二者还是有区别的，大致有以下几点。

①讲解通常是有准备的，而分享可以是有准备的，也可以是即兴的。

②讲解通常有较为完整的结构和逻辑，而分享可以有逻辑和结构，也可以只是孤立的一条信息、一点感受、一个观点。

③讲解通常会更加关注效果，即更关注受众的反馈，因此常常会采取一些接续的行动来收集反馈、验证效果，比如提问、写作业、考试。分享通常对效果只做一般性的关注。

分享这种教学手段由于执行起来很轻松，对于参与者没什么压力，因此经常会被用到。其输出的内容常常会极大地丰富培训内容，提升培训价值。

15. 头脑风暴

头脑风暴是一种可以充分激发一群人自由联想的教学手段，一般采用会议的形式，常用于打破固有思维定式、寻找创意、产生新观念等场景。这种手段如何实施主要分为两个步骤。

（1）发散阶段。

这个阶段最重要的规则是：每个人发言的时候，其他人不允许批判，即不允许给出负面评价，只能给予肯定性或支持性的评价，比如"太棒了！""有创意！""这个观点很有趣！"。

（2）收敛阶段。

这个阶段通常是先确定标准，然后用标准去筛选、去"评判"上一阶段发散出来的各种点子，去除不符合标准的，留下符合标准的。比如标准是"预算不超过 5 万元"，那么超过这个标准的点子就会被排除掉。这里特别要注意，标准的确定要慎重，不能太理想化，否则会"错杀"宝贵的创意。

这种手段有两个主要特点。

第一，帮助人们跳出思维的藩篱。一群人在讨论事情的时候，其思维很容易受到意见领袖或多数人意见的左右而失去应有的批判性，从而让集体的决策陷入某种思维定式，进而埋下了重大的风险。头脑风暴法，通过规则的设定，让各种意见可以得到平等的对待，即使是最微弱的声音也可以被所有人听到，可以极大地帮助人们摆脱少数几种意见对其思维的束缚。

第二，可以帮助人们更好地达成共识。这个过程公开、透明、公平，因此，共识结果更容易被人们接受。

这种手段通常也是先由小组进行头脑风暴，然后全班汇总成果；如果时间不够，则由老师主持直接进行全班头脑风暴。无论是小组还是全班，进行的时候都需要一名主持人。这个角色非常重要，直接影响头脑风暴实施的效果。从这个角度看，小组进行头脑风暴对于培训的风险更大，因为各组主持人的能力可能参差不齐，这就需要老师进行更多的干预。

我的经验是讲解清楚头脑风暴的规则，并确保每个小组的所有成员对规则完全理解，这样在执行的时候，组员们就可以对主持人的行为给予提醒和监督，减少头脑风暴过程对于主持人的依赖，最终使其效果更有保证。

小结

至此，我已经介绍了讲解、收集等 15 种常用的教学手段，各有各的特点，不一而足。一次培训课程中，常常有多个不同的培训场景，因此在课程开发环节，内训师就需要据此选择不同的教学手段。

以上所有教学手段的使用都需要本着一个原则：**支持教学目标的实现**。手段永远是为目的服务的，但是人们一不小心，常常会错把手段当成了目的，比如上文在介绍"展示图片""播放视频"教学手段时所提到的"被素材绑架"的现象。

所以，任何教学手段的选择，都应以能否支持教学目标实现为判断标准。

如果几种手段都能实现同一个教学目标，这个时候首先考虑成本更低的教学手段。

成本，是指老师为执行该教学手段所要投入的资源，包括要承担的风险。比如，讲解和案例法都能说清楚一个比较简单的知识点，显然使用讲解更划算，因为讲解的操作简单且风险低。

当然，成本因素不是选择教学手段的唯一考量，通常还要结合其他方面，比如新鲜感、学员特点等进行综合考虑，以确定各种教学手段的使用顺序、频次及组合方式。

以 A 企业 TTT 项目为例，"客服代表沟通能力之倾听能力培训"教学手段如表 4-5 所示。

表 4-5 "客服代表沟通能力之倾听能力培训"教学手段

课程名称：客服代表沟通能力之倾听能力培训	教学策略	教学手段
课程目的：提升客服代表沟通能力之倾听能力（HOW）（1.5 小时）	混合	
目标 1：为何要提升客服代表的沟通能力（WHY）（15 分钟）	混合	
要点 1：什么是沟通能力？（WHAT）（3 分钟）	灌输	讲解
要点 2：沟通能力不足有什么坏处？（WHAT）（4 分钟）	启发	收集
要点 3：沟通能力强有什么好处？（WHAT）（4 分钟）	启发	收集
要点 4：客服代表为什么要提升沟通能力？（WHY）（4 分钟）	混合	收集、讲解
目标 2：提升客服代表的倾听能力（HOW）（75 分钟）	混合	
要点 1：什么是倾听能力？（WHAT）（3 分钟）	灌输	
子要点 1：倾听能力的概念（WHAT）（1 分钟）	灌输	讲解
子要点 2：倾听能力的层次（WHAT）（2 分钟）	灌输	讲解
要点 2：为何要提升客服代表的倾听能力？（WHY）（10 分钟）	混合	
子要点 1：倾听能力不足有何坏处？（WHAT）（3 分钟）	混合	收集、讲解
子要点 2：倾听能力强有何好处？（WHAT）（3 分钟）	混合	收集、讲解
子要点 3：为何要提升客服代表的倾听能力？（WHY）（4 分钟）	混合	讨论、讲解
要点 3：如何提升客服代表的倾听能力？（HOW）（55 分钟）	混合	
子要点 1：学会完整地接收信息（HOW）（15 分钟）	混合	案例
子要点 2：学会听出信息的关键点和逻辑层次（HOW）（20 分钟）	混合	角色扮演
子要点 3：学会澄清信息（HOW）（20 分钟）	混合	角色扮演
要点 4：倾听能力小结（WHAT）（7 分钟）	混合	收集、讲解

第 5 节
内容开发，引人注目

"内容开发"是针对课程框架中的每个学习要点，分别开发具体的学习活动，最终实现课程目的。学习要点分解自课程目标，课程目标分解自课程目的。

"学习活动"是实现每个要点的全部培训活动，包括老师的每句话、每个表情、每个动作以及由教学手段所引发的学员的全部活动。

1. 如何进行课程内容开发

课程内容开发主要包括以下两个方面。

（1）积累教学素材。

所谓"教学素材"是指那些原始的、未经加工整理的、可供教学使用的各种材料，包括图片、音频、视频、文字、文章等。收集素材的渠道有很多，包括网络、信息互通、自身实践所得等。

（2）组织学习活动。

"组织学习活动"是指利用各种素材、借助各种教学手段，"撰写"一段"剧本"的过程。

企业内训师是怎样炼成的

我用"剧本"来比喻讲义、教案是因为一场培训课程，就像是一部由老师和学生共同出演的话剧。现场实景演出，没有回放，每次都一气呵成。好话剧需要好剧本，那么怎样编写"剧本"呢？推荐两种方法。

1）PPT法。

"PPT法"就是指利用PPT这种软件编写教案的方法，即在PPT的展示区放入关键词、图片等元素，在备注区编写相应的教案。教案就是如何将这一页PPT所代表的信息传递给学生的操作手册，包含教学要点、时间分配、教学素材、教学步骤、教学手段等内容。

下面举例说明"PPT法"中的教案编写。

这是我2019年上过的一次内训课程，客户是一家著名的全球粮食商贸企业。以下为该页PPT下方备注页内容。

教学要点：管理学员期望

时间分配：第一天上午　9:00-9:15（15分）

学习活动，具体如下。

（1）讲解（1分）。

这门课程开发于2018年7月，当时是1.0版本，目前升级到了4.0版本（语气加重）。这门课程主要是探讨、研究中华人民共和国的主要奠基人（停顿）毛主席的领导力特点，期望对我们今天的生活、工作起到一些借鉴意义。

（2）小组讨论（5分）。

正式开始课程之前，我想先了解一下大家的需求。请以小组为单位讨论一下对课程有什么期望。时间5分钟，开始（加重语气）。

（预设）

与其他的领导力理论有什么区别——上升到哲学的高度；想了

解其生平、经典历史故事——没有问题；想了解对于企业运营有什么价值——战略思维方面帮助显著；对于自身提高有哪些地方可以借鉴——终身学习等。

（3）分享（9分）。

讨论完成后，请每个小组推荐一位代表分享一下小组的讨论成果（给出回应并板书记录关键词）。

（4）总结（4分）。

a. 逐条回应学员所分享的"对课程的期望"：能满足的及其理由；能部分满足的及其理由；不能满足的及其理由。

b. 说明课程目标及课程定位。

本课程旨在提升学员的领导能力（加重语气），从思维方式和行为方式两个层面来展开。课程定位为（停顿）"HOW类"课程，即能力训练与提升课程。

在一场培训中，PPT的作用到底是什么呢？分享我的两点思考。

第一，让重要的信息可以驻留在学员视野中更长的时间，因此PPT上应该出现的内容主要是以下几类内容：标题、引导性的问题、主要结论的关键词等。为什么不是完整的结论？完整的结论常常会字数较多，全部呈现出来反而稀释了关键词所代表的重点内容。结论只显示关键词，其余内容老师口述即可。这样可以将学员的注意力聚焦到关键词和老师身上而不是大量文字上。

第二，把用语言难以表达的信息，完整地展示出来，比如在PPT中使用图片进行展示，老师在此基础上展开后续的教学，比如讲解、点评或引导学员进一步讨论。

PPT本质上是一个逻辑框架，体现了课程的线索，从头到尾串起整个课程，其中大量的、具体的教学内容要靠老师使用讲解、收集等教学手段，由老师和学员相互激发，共同完成。

2）关键词法。

"关键词法"就是利用关键词，串起课程逻辑的一种高频互动式的、极简的教学方法，其道具主要有两种：A4纸和手持卡片，A4纸相当于PPT的展示页，手持卡片相当于展示页下面的备注页。

A4纸上只出现一个关键词，代表一个用于小组讨论的问题。教案写在手持卡片上，每张A4纸对应一张或若干张卡片。2019年12月，我应邀给一家知名外企策划年会。策划活动中有一项培训任务，名曰"焦点小组访谈"。一天时间，我们要完成三个焦点小组访谈。我使用关键词法为每次1.5小时的小组访谈设计了培训流程，并找到了五个关键词依次对应五个问题。

目的——我们公司今年年会的目的是什么？

成功——去年公司年会的成功之处在哪里？

不足——去年公司年会的不足之处在哪里？

创意——今年年会，你有什么创意？

共识——到目前为止，我们小组的共识有哪些？

对于每个问题，我邀请甲方人员一起讨论，都预设了答案并做好了回应的准备。最终，我们收获了三场高质量的焦点小组访谈成果，为年会的设计以及成功举办提供了宝贵的信息输入。

以上两种教案编写方法各有特点。PPT法中规中矩，培训的固有特征明显，比较稳妥，便于操作，使用频率较高。关键词法学员思维可以更加发散，所受束缚更少，创新的可能性更高，但同时对老师的引导、控场能力要求更高，初学者务必谨慎使用。

在"课程开发"培训中，涉及教案编写部分时，我会要求每位学员写下自己讲话的逐字稿，包括讲解的每一句话、提出的每个问题等。有人可能会问，"有这个必要吗？上台所讲内容怎么可能一字不错呢？"

写下逐字稿不等于讲的时候一个字不允许错，而且也不应该如此。如果一字不错，意味着完全背下来，背诵一段文字总会让人感到有些生硬、无聊，我反对背诵教案。为什么还要写逐字稿呢？有以下三个好处。

① 逐字稿会要求课程开发者将自己沉浸在现场授课的场景中来思考要说的每一句话。

② 这种"沉浸"会促使课程开发者考虑课程现场的各种可能情况，便于提前做好预案。

③ 有逐字稿打底，老师通常会产生更强大的自信来完成课程。

那么实战中所讲内容和逐字稿不一样，怎么办呢？写逐字稿的目的本来就不是要求在实战中讲得一字不差，因此这个问题并不存在。实战中无须过多地关注逐字稿，那样会分散注意力，得不偿失，甚至可以忘掉逐字稿，把自己的全部注意力投入到当下的场景中。

全然地投入不等于忘掉、偏离课程主旨和课程逻辑。课程主旨和课程逻辑是一门课程的灵魂所在，必须谙熟于胸，不能有半点的遗忘。全然投入当下是指老师深度理解学员的需要，有的放矢，将课程精华灵活地、有针对性地传递给学生。写逐字稿的主要作用是帮助老师吃透课程精华，提前做足功课，以利于现场更自如地发挥。

课程内容开发就仿佛是一砖一瓦地建造房屋的过程。这个过程发生在房屋的设计蓝图就位之后，同时，这个过程仍然如同蓝图设计一样充满创意。因为课程内容开发聚焦在课程具体实施手段上，因此其创新的机会点更多。同一个学习要点，可以由多种学习活动来实现。这就是课程内容开发最有趣的地方——依靠想象力推动的进程。

进行课程内容开发，需要课程开发者抛弃思维定式，扩展思维的空间，与时俱进挖掘鲜活案例，尽力为学员提供新素材、新视角、新感受、新体验。当然，追新、求新不是目的，而是手段。其目的是提高课程对于学员的吸引力，激发兴趣、激发学员自主学习的动力，高质量实现培训目标。除了追新、求新以外，有没有系统的方法来提升课程的吸引力呢？

2. 用生动化技术提升课程的吸引力

生动化技术是指在课程内容开发基本完成之后，对于课程内容的细节进行生动化处理的方法、技巧。我将这套技术总结为两个方面：表达方面和表现方面。表达方面技术是指老师在培训中使用自然语言时所用到的技术。表现方面技术是指老师在培训中使用语言以外的、用于提高表现力的技术。

（1）表达方面的技术。

它包括提问、设问、停顿、对比、比喻、排比等。

1）提问，就是面向学员，提出问题。

提问是最简单地激发学员兴趣的手段。人的大脑工作机制是问题驱动的。没有问题的时候，大脑通常处于漫游状态；当大脑捕获了一个问题的时候，就开始全面运转起来，以求迅速找到问题的答案。这种方法的关键是问对问题，即问出高质量的问题。比如之前提到过的一个例子，问题过于开放会导致难度过高而让沟通陷入困境。

2）设问，就是自问自答。

试想一个情景，有一篇2500字的逐字稿，讲一遍大概需要10分钟时间。有两种表达方式：一种是传统的陈述方式，从头讲到尾；另一种是每次抛出一个问题，然后陈述一段内容回答这个问题，接着再抛出一个问题，再陈述一段内容来回答这个问题，以此类推完成整个演讲。这两种方式哪一种更具有吸引力呢？显然是第二种，因为其不断地刺激学员的大脑进行思考，学员不会由于长时间被灌输而感到乏味，反而会因为一张一弛地思考而兴致盎然。

3）停顿，即说话过程中的中断。

语言和思维，其实是一件事情的两个方面。老师持续的表达，等同于老师用语言带动着学员的思维一起向前"流淌"。这个过程中，老师语言突然出现中断，学员的思维无法继续向前"流淌"，必然会瞬间引发一个张力，即对于停顿处后面的内容产生了强烈的期待。这就是停顿能瞬间产生吸引力的大致原理。老师在表达中如果能适度使用停顿技巧，一定可以提升课程的吸引力。

4）对比，就是对照、比较。

它是把两个相反、相对的事物或同一事物相反、相对的两个方面放在一起对照、比较的表达方法。例如描述天气时可以说"刚才还是晴空万里，现在已是阴云密布。"这种表达方式显然比直接说"现在阴云密布"来得更有张力。

用图片进行对比，经常可以带来强烈的冲击力，让学员眼睛一亮，从而提高课程的吸引力。

5）比喻，是用一种事物描绘另一种事物。

它是指用跟甲事物（受众不熟悉的）有相似之处的乙事物（受众熟悉的）来描写和说明甲事物的一种表达方法。这是一种非常有效的表达方式，帮助人们从熟悉的领域向不熟悉的领域迅速拓展。老师在培训中经常要说明一些事物，尤其当介绍一些新事物的时候，比喻是非常实用的方法。

如果老师只是一味地描述新事物的性状、特点，学员由于没有接触过这个新事物，通常难以迅速建立起认知。这个过程如果持续时间过长，学员们的兴趣会迅速下降。这个时候，比喻可以迅速激发学员的兴趣。一个高质量的比喻，往往能抓住新事物的本质特征，用通俗的语言让受众迅速联系到熟悉的旧事物，从而可以快速形成认知。我认为内训师是企业的战略资产，可以源源不断地为企业产生财富，这个财富就是课件，就是一堂堂的培训课程。

6）排比，可以加强语气和表达效果。

排比是把一组结构相同或相似、语意相似、语气一致的词语或句子排列在一起的一种表达方法，用以加强语气，强化表达效果。老师在培训中，如果能在某些关键节点使用排比的修辞方法进行表达，那么一定会带给学员深刻的印象，大大提高课程的吸引力。举个经典的例子，毛主席总结长征的意义时说，"长征是宣言书，长征是宣传队，长征是播种机。"

（2）表现方面的技术。

它包括数据、图片、音乐、视频、身体语言等。

1）数据是对客观事物进行记录的符号或符号的组合。

数据是构成事实的基本依据，常常具有强大的说服力。老师在培训中如果想要提升吸引力，可以引用数据，尤其是一些不容易获取的、又极具公信力的数据。某种意义上说，这是老师的信息优势所在。

2）图片。

之前的教学手段部分提到过，不再赘述。

3）音乐。

它对人天然具有疗愈的作用，可以释放压力、舒缓紧张、振奋精神、提升士气等，让人的内在能量流动起来。老师如果能在培训中适时地播放音乐，可以激发学员的活力，提升课程的吸引力。

4）视频。

之前的教学手段部分提到过，不再赘述。

5）身体语言，是指用于表达的非自然语言的肢体行为。

它包括目光、表情、动作、身体姿势等。人与人之间的交流，一方面通过话语进行，另一方面通过身体语言进行。有研究表明，人际交流中身体语言所传递的信息占比约为55%，可见身体语言在沟通和影响中的作用之大。老师在培训中充分地、恰当地展示自己的身体语言，一定可以提高课程的吸引力。

上述两方面技术，都旨在提升课程的生动性，提高课程的吸引力，最终提升培训效果。

3. 课程开场和课程结尾

针对每一个学习要点都开发出具体的课程内容并用生动化技术处理之后，将其全部串联起来，就总体上完成了课程开发工作了。当课程主体竣工之际，课程开场和结尾的设计就提上了议事日程。

课程开场是指从课程开始到第一个学习要点之前的学习活动。课程开场通常有以下几种方式。

（1）主持人引出老师。

它通常由企业方人员扮演的主持人宣布课程开始，介绍课程和老师，最后把话语权让渡给老师。这种方式下，在课前主持人一般会向老师沟通和确认介绍老师的文案。我的回复一般都是"越简单越好，我自己也有介绍。"主持人一般都会立刻回复"好的"。我为何那样说呢？经验使然。我经常遇到主持人开场大段介绍老师的"光荣事迹"，现场气氛很"安静"。所以比较保险的策略是让主持人尽量少讲，自己来控制这个过程。

（2）主持人安排热场活动。

在企业方对于培训的成熟度比较高的情况下，有的时候企业方会安排主持人来实施开场的"破冰"活动。这种活动无论组织得是否圆满，总是有一些效果的，至少学员更放松了。老师也可以得到放松，可以和学员一起更快地进入学习状态。这种开场方式最大的挑战是时间控制问题，内训师需要为这种方式留有预案。

（3）老师直接上场。

培训开展频率很高的公司，有时候会取消主持环节，由老师直接开场。这种方式老师对开场环节的可控程度更高一些。同时，需要由老师独自完成自我介绍、"破冰"、课程导入等环节。

1）自我介绍。

①节省时间。课程时间总是非常宝贵的，老师一定要提醒自己，学员们来上课不是为了了解老师背景的，而是来学习对自己有用的知识的。因此，老师一定要尽量节约自我介绍环节的时间。

②与课程主题相关。老师可以挑选自身背景中与本次课程主题高度相关的信息与学员分享。这种分享的目的是推动学员与老师之间信任的建立，让学员初步相信，老师基于其资深的专业背景能够交付好此次培训。

③适度。老师即使为了与学员建立信任关系而介绍自己的专业背景、荣誉、成就，也不能过度。怎么把握这个度呢？A：靠感觉。老师可以感受现场学员的情绪状态，一旦发现学员状态开始下降，就要及时结束这个环节，切换到下一个环节。B：靠经验。这个环节做得多了，成功和失败的经验累积多了，老师自然就可以找到更好的度。

④赢得好感。人与人之间信任的建立从好感的建立开始。老师的自我介绍要想赢得学员好感，可以展现一点"烟火气"，比如自己生活中有趣的一面，让学员觉得这位老师比较接地气、有亲和力。

2）"破冰"。

"破冰"是指通过某种学习活动打破学员之间的陌生感，增进彼此的了解，促进彼此的交流，提升彼此的信任度。常见的破冰活动有以下几个。

① 做游戏。开场的游戏活动要注意以下几点。

A. 游戏规则尽量简单，方便学员参与。

B. 占用时间要少，不能本末倒置。

C. 多动身体，让学员"热"起来。

我常用的游戏是"打手板"，方法如下：学员两两一组，每人伸出两只手，手掌垂直于地面，分别把对方一只手隔空夹在自己的两只手中间，每两只手掌之间大约10厘米即可；两人各分配一个名字，比如一人叫小乌鸦，一人叫小乌龟；老师讲一个故事，故事中提到谁的名字，谁就可以合掌击打对方被自己双掌夹在当中的手，没有被提到名字的学员可以向上方或下方抽出自己的手掌以躲避击打，每提到一次名字，双方只能一次击打一次躲避，然后要迅速回到初始位置，即四只手掌交错、间隔10厘米、同等高度的排布。这个游戏考验学员的反应能力，可以让学员迅速兴奋、快乐起来。场子可以迅速热起来。

② 做运动。如果能带领学员在开课前做一会儿运动，可以起到放松身心、调节情绪、集中注意力的效果。整个带领的过程，也会增加学员对老师的信任度。运动项目的选择很关键，不能选过于激烈的运动。早上可以选择类似早操的运动，若干动作就可以。下午可以选择冥想类带有休息功能的运动项目。

③ 小组讨论。小组讨论是我最常用的"破冰"活动，因为既操作简单又可以一举多得。操作简单是指老师只要设计好引导话术，熟练掌握即可，不需要具备特定的运动技能或熟记游戏规则等。一举多得是指小组讨论不仅能解决"破冰"问题，还可以为课程带来其他价值。这里的关键在于小组讨论议题的设置。我通常会引导学员从简单到复杂，完成以下三个阶段的讨论。

A. 介绍彼此情况，互相认识。

B. 讨论确定小组的组长、副组长、秘书的职位人选。

C. 讨论确定小组成员集体对课程的期望。

3）课程导入。

所谓课程导入是指引出本次课程的正题，推荐几种常用的方法。

① 图片法，即开场给学员展示一张与课程主题相关的图片，引发学员注意，引出课程主题。比如生产安全培训，开场可以展示一张本厂最近发生的安全生产事故照片，引出课题。

② 视频法，同上。

③ 故事法，即开场给学员讲一个故事，引发关注和讨论，引出课程主题。

④ 问题法，即开场直接抛出一个或几个问题，组织学员讨论、回答，引出课题。比如在我的 TTT 培训现场，开场我会抛出一组问题"什么是培训？什么是学习？二者什么关系？"请学员讨论，由此引出培训主题。

⑤ 案例法，即开场给出一个案例并附带几个问题，请学员阅读案例后讨论问题，分享答案，开启课程。比如在我的"跨部门沟通"课程的开场，我会下发一个案例"大销售与小出纳"，请学员阅读、讨论、分享。我则借由点评开启课程。

以上这些方法，都旨在紧扣课程主题，激发学员兴趣，鼓励学员参与，开启课程。

常言道"好的开始是成功的一半"。课程开场环节很重要，需要引起大家足够的重视。下面再来谈课程结束。

课程结尾是指从最后一个学习要点完成到宣布课程结束这段时间的学习活动。心理学家丹尼尔·卡尼曼提出的《峰终定律》指出，人的大脑经历过一个事件之后，最深刻的体验发生在峰（高潮）和终（终点）两个时刻。可见，课程结束环节对于学员的整个培训体验而言有多重要！

如果时间充裕，我建议依次、独立安排以下活动：**答疑、课程总结、分享收获、制订并分享行动计划、课程颁奖**等；如果时间紧张，可以合并答疑与课程总结，合并分享收获与行动计划。

答疑是指老师利用最后的课程时间回答学员问题的学习活动。预留时间与课程总时长有关。总时长越长，预留的答疑时间越长；同时答疑时间有最短要求。我的经验是：1小时~2小时的课程，答疑时间可以预留5分钟~15分钟时间；6小时~7小时的课程，答疑时间可以预留15分钟~30分钟时间；答疑时间最短也需要安排5分钟。答疑时间还与课题性质有关，课题越开放，需要预留的答疑时间应该越长。这个环节怎么控制时间呢？

比较保险的策略是先收集问题，然后集中时间答疑，也就是把提问和回答分为两个环节，可以随时收集问题（让学员把问题写到即时贴上，随时传递给老师），然后利用课程结束前的一段时间来集中回答问题。这个做法的好处是，老师对于问题的个数和难度提前获知，方便控制时间。如果任由现场学员随机发问，那么时间控制问题就只能依靠老师的应变和控场能力来解决了。

课程总结是指罗列、回顾全部课程要点，并着重强调其中的关键点，最后适时、适度升华课程主旨的学习活动。一堂培训课程到底要说什么？到底要传递什么？学员的认知能否再次被刷新？一次合格的课程总结可以解决这些问题。学习活动设计可以有两个选择。

① 使用小组讨论的方式，即先小组回顾课程要点，再全班回顾课程要点，最后由老师做总结和升华。

② 直接引导全班同学一起回顾课程要点，然后由老师做总结和升华。

课程总结的时间分配，受课程总时长、课程主题性质等因素影响，可以参考上文答疑时间的确定方法而确定。有人可能会问："总结我会，但是怎么升华啊？"

要想解决这个问题，建议大家多去看小说、戏剧、电影等艺术作品，其结尾处经常有升华的情节设计，由此我们常常可以获得很多灵感。比如2024年春节档热播的电影《热辣滚烫》，结尾处瘦身前、后的主角相视而笑的场景以及减肥日记滚动的场景都是一种升华的设计。回到培训场景结尾处的升华，我们需要把艺术作品的升华环节变成语言和身体语言带给学员。语言上，通常是要挖掘课程更深远的意义，唤醒学员，为学员注入力量；身体语言上，老师可以调动情绪的力量，感染学员，为学员注入动力。另外，结尾处使用金句是不错的选择。

收获分享是指老师邀请学员分享学习心得、培训收获的学习活动。这个活动对于提升学员的正面感受、凝练培训价值、制订后续行动计划都有重要作用。这个活动对于学员来讲意味着要做两件事：总结收获，分享收获。总结收获是学员对于整个培训过程所学知识点进行归纳并抽取出价值的过程。这是一个抽象思维的过程，需要给出一段安静的时间，让学员进入深度思维状态。分享收获是学员提前组织好语言，把归纳和抽取出的价值表达出来的过程。在这件事情上，学员之间的差异非常大。无论学员分享的质量高低，老师都要给出正面的、积极的反馈并感谢学员的分享。这个学习活动怎么设计呢？至少可以有以下两种方式。

① 使用小组讨论的方式，即先小组内部分享学习收获，再推举一个人代表小组向全班分享，老师给出回应并小结。

② 老师面向全班邀请学员分享，通常开放3～5个分享名额，老师每次都要给出相应的回应，最后给出小结。这种方式也有例外的情况，就是邀请每位学员分享收获。我比较喜欢这种方式，只要条件具

备就会采用，因为我非常在意每位学员的感受，很希望获得每位学员第一时间真实的反馈。这种做法需要具备哪些条件呢？首先是时间，这种做法需要较多的时间；其次是该场培训的重要性比较高，值得每个人都听一听别人的分享。这种方式经常发生在一个培训项目结业的时候。

关于收获分享环节的时间分配，上述两种方式不考虑例外情况，建议分别预留20分钟～30分钟和10分钟～15分钟时间。

制订行动计划是指学员在课程结束前，自己制订后续的行动计划，包括目标、措施、计划投入的时间资源等。培训的本质是企业的经营手段，是必须考虑性价比的闭环活动。只有学员在参加培训后发生了行为改变，才能达成培训的闭环属性。行为的改变首先来自行动计划，如果没有具体的行动计划，那么真实行动是很难产生的。培训能否完成闭环，在此一举。从这个意义上说，制订行动计划几乎是整个培训中最重要的环节。这意味着要分配足够的时间，确保每位学员能安静地、深入地思考自己接下来具体的行为改变计划。设计这个环节建议如下。

① 趁热打铁，即在收获分享环节之后随即提出建议，邀请每位学员当即写下自己后续的行动计划。老师最好能给出制订行动计划的结构，包括目标、措施、所需投入的时间资源等。

② 保持10分钟左右的静默时间。

③ 邀请学员分享自己的行动计划，以激励其他学员。

④ 即兴抓住所听到的行动计划，择机升华课程主旨。

课程颁奖是指每场培训课程如果开场设置了奖励规则，那么在培训结束时，进行兑现奖励的活动。为提高学员的参与度，老师可以在培训开场时公布本次课程的奖励方案，比如主动回答问题可以得1分，累积得分最高的小组可以获得小组优胜奖。有了这样的设定并且在过程中收集了相应的数据，那么在结束的时候，就可以兑现奖励了。

具体的奖品可以是书籍、食品以及获奖证书等。这个环节对于提升培训的整体满意度会有较大帮助。颁奖者如果能请到企业的高层领导，培训效果会更好。

对于一般的、常规的培训而言，这类奖励机制常常被忽视，因为人们觉得似乎有点浪费时间。但是我的经验是，对于一场持续时间较长的培训而言，比如一天时间，无论其多么普通，如果能有一种机制让全体学员保持一定程度的紧张状态，那都将是一种很棒的设计。

人很容易懈怠、疲惫，很容易忘记开场时的激情。一种奖励机制本质上催生了一种竞争机制，这种竞争机制让学员们无法再继续默默地享受一样的待遇了。力争上游获得更好的待遇、更好的生存条件是人的求存本能。因此，奖励机制所催生的竞争机制激发了学员求存的本能，而这种被激发出来的能量聚焦到了学习上。从这个意义上说，奖励机制难道不应该引起重视吗？为设计和实施这套机制所花费的时间相对于其产生的收益而言是非常划算的。内训师需要对串起课程整体运行的奖励机制给予足够的重视。

至此，"课程开发七步法"的第五步"课程内容开发"部分已经介绍得差不多了，最后补充一点，我称之为"噱头"。噱头，通常是指一些"小花招"，包括幽默段子、自嘲、玩笑、卖个关子等，用于点缀和调节课程气氛。这些"小动作"让课程内容不至于显得过于严肃，让学员相对可以放松心情，以开心愉悦的状态投入学习。培训如果是一道菜的话，噱头这种元素就像调料，可以给菜提味儿。但是这种元素不是越多越好，而是应该看现场的需要。如果学员们状态饱满、学习兴趣盎然，那么高效地推进课程就可以了；如果学员状态低迷、困倦、疲惫，那么这个时候加入一点噱头，有时可以起到四两拨千斤的作用。因此，从课程开发的角度看，这些"作料"也需要提前准备好，以备不时之需。

小 结

  课程内容开发就是把抽象的学习要点变为具象的学习活动，类似于编写剧本，常用方法有两种：PPT法和关键词法，前者比较常见，后者适用于比较资深的内训师。

  组织学习活动需要素材，而素材在于积累。

  提高课程的吸引力是一个永无止境的过程，需要学习表达技术和表现技术。

  课程开始很重要，因为好的开始是成功的一半。

  课程结束也很重要，因为根据峰终定律原理，学员在课程结束环节的体验和感受对于其评价整场培训至关重要。而学员是否满意，是判断一场培训成功与否的核心标准。

第 6 节

辅助工具，不可小觑

课程的辅助工具，包括课前调研问卷、课前访谈提纲、课中所需资料、课后评估问卷、课后跟进工具表格、讲师手册、学员手册及其他所需资料。

1. 课前调研问卷

课前调研问卷是指在课前发放给学员的、用于了解学员状况、收集相关信息的问卷。

课前调研问卷的用处很大，一方面帮助老师快速了解学员的情况、建立学员画像、找到"感觉"；另一方面可以为电话访谈以及课程定制提供输入。开发一份优质的课前调研问卷建议参考以下两个原则。

① 简单。问卷不能太复杂，否则会加重学员负担，损害问卷回收质量，同时也会影响学员对培训的体验。因此一般情况下，建议 6～8 个问题即可，控制在一页 A4 纸的篇幅之内。

② 注意收集实例。问卷的主要目的是要了解学员对于这次培训主

题的理解程度、相关经验、困难和问题等。对于这些内容，可以请学员谈观点、看法，但是更需要了解观点、看法背后究竟发生了什么。因此，问卷需要请学员说明实例，包括事件、案例、经历、故事等。

在问卷构成方面，一般情况下包括以下四个部分即可。

① 培训背景部分，说明此次培训的基础背景信息，阐明由学员填写问卷的意义等。

② 学员基础部分，收集学员的基础信息，比如职务、职责。

③ 学员画像部分，收集学员对于本次培训课程的相关经验，比如遇到的问题、顾虑，鼓励学员提供案例。

④ 学员期望部分，收集学员对于本次培训的期望、要求等。

以下举例说明，是我为"毛泽东领导力"课程开发的课前调研问卷。

"毛泽东领导力"课前调研问卷

2019年5月13日—14日，人力资源部将面向公司管理层举办"毛泽东领导力"培训课程，感谢公司的支持！

为追求更好的培训效果，请认真填写本问卷，并在2019年5月10日12时前反馈我们。谢谢你。

姓名：　　　　　性别：　　　　　年龄：

主要工作职责：

1.

2.

3.

你的直接下属人数：　　　　　人

一、对于领导力你是怎样理解的？请简要说明。

二、你参加过哪些领导力培训？有哪些领导力理论让你印象深刻？

三、在个人领导力发展方面，你有哪些困惑？请举例说明。

四、在发展下属领导力方面，你有哪些困惑？请举例说明。

五、对于本次课程，你有什么期望和要求？

2. 课前访谈提纲

课前访谈提纲是一份问题清单，供老师在课前对学员进行电话访谈时使用，内容与课前调研问卷类似。电话访谈的目的有两个，一是加强对学员的了解，为课程定制提供输入；二是建立与学员之间的初步信任，为课程的顺利交付做好铺垫。

课前访谈一般是在课前调研问卷回收之后进行。老师通过审阅问卷，对于学员的情况已经有了初步的了解，在这个基础之上，电话访谈可以进一步澄清问卷中的相关信息，老师对学员情况可以获得更深入的了解。另外，电话访谈中，老师可以发挥更多的灵活性来收集更多的课程所需信息。

当然，课前访谈也可以单独进行，即不一定必须安排在问卷调研之后。对于重要的学员，可以单独安排电话访谈，同时免去其填写课前问卷的环节。

课前访谈和课前调研问卷所要收集的信息是类似的，但这两个动作差别较大，一般不会给人造成重复工作的感觉，包括以下几个方面的不同。

① 从表象上看，课前问卷是冷的、没有温度的，电话访谈是热的、有温度的，因此，电话访谈可以传递情绪、能量，可以建立彼此的信任。

② 从信息传播的角度看，课前问卷是单向的，电话访谈是双向的，双向的信息流动可以促成更高效率的信息交换。

③ 课前问卷是有固定的格式的，是静止的、僵化的，而电话访谈

虽然也有提纲，但是没有完全固定的格式，是动态的、灵活的，有助于访谈者针对现实情况进行应变。

总之，对于同一位被调研对象而言，电话访谈比课前问卷所能收集到的信息要丰富得多、立体得多。但是电话访谈的成本很高，除了开发访谈提纲所花费的成本之外，边际成本（即每进行一次电话访谈所付出的成本）不会减少，因为对访谈者要持续投入时间。这一点与调研问卷完全不同。问卷的成本是在开发问卷的时候一次性投入的，边际成本几乎为零，因此可以大范围使用。鉴于这两种信息收集手段各自不同的特点，最佳的选择莫过于把这两种手段组合起来使用。

3. 课中所需资料

课中所需资料是指课程中可能会用到的相关资料，包括案例、阅读材料等。案例上文已经提及，不再赘述。阅读资料通常是指支持课程中某个观点的辅助阅读资料，由老师筛选、整理而成。下面举例说明我在"毛泽东领导力"课程中，为了说明辩证唯物主义的具体运用，引入的一篇阅读材料。

论十大关系（节选）[1]
（一九五六年四月二十五日）

一　重工业和轻工业、农业的关系

重工业是我国建设的重点。必须优先发展生产资料的生产，这是已经定了的。但是决不可以因此忽视生活资料尤其是粮食的生产。如果没有足够的粮食和其他生活必需品，首先就不能养活工

---

[1] 毛泽东：《论十大关系》（1956年4月25日），《毛泽东文集》第7卷，北京，人民出版社，1999。

人，还谈什么发展重工业？所以，重工业和轻工业、农业的关系，必须处理好。

在处理重工业和轻工业、农业的关系上，我们没有犯原则性的错误。我们比苏联和一些东欧国家做得好些。像苏联的粮食产量长期达不到革命前最高水平的问题，像一些东欧国家由于轻重工业发展太不平衡而产生的严重问题，我们这里是不存在的。他们片面地注重重工业，忽视农业和轻工业，因而市场上的货物不够，货币不稳定。我们对于农业轻工业是比较注重的。我们一直抓了农业，发展了农业，相当地保证了发展工业所需要的粮食和原料。我们的民生日用商品比较丰富，物价和货币是稳定的。

我们现在的问题，就是还要适当地调整重工业和农业、轻工业的投资比例，更多地发展农业、轻工业。这样，重工业是不是不为主了？它还是为主，还是投资的重点。但是，农业、轻工业投资的比例要加重一点。

加重的结果怎么样？加重的结果，一可以更好地供给人民生活的需要，二可以更快地增加资金的积累，因而可以更多更好地发展重工业。重工业也可以积累，但是，在我们现有的经济条件下，轻工业农业积累得更多更快些。

这里就发生一个问题，你对发展重工业究竟是真想还是假想，想得厉害一点，还是差一点？你如果是假想，或者想得差一点，那就打击农业轻工业，对它们少投点资。你如果是真想，或者想得厉害，那你就要注重农业轻工业，使粮食和轻工业原料更多些，积累更多些，投到重工业方面的资金将来也会更多些。

我们现在发展重工业可以有两种办法，一种是少发展一些农业轻工业，一种是多发展一些农业轻工业。从长远观点来看，前一种办法会使重工业发展得少些和慢些，至少基础不那么稳固，几十年后算总账是划不来的。后一种办法会使重工业发展得多些和快些，而且由于保障了人民生活的需要，会使它发展的基础更加稳固。

4. 课后评估问卷

通常是指由学员在培训结束之后，以不记名的方式，当场填写的、对于课程效果的反馈问卷。这种问卷一般包括三个部分：对于课程内容的反馈意见；对于老师表现的反馈意见；对于课程组织方面的反馈意见。问卷题型分为客观题和主观题。客观题可以设置打分标准如下：非常满意5分；比较满意4分；一般满意3分；比较不满意2分；非常不满意1分。主观题不像客观题那样便于统计，因此常常被忽略，但是其重要性其实很高，往往能反映出一些有代表性的、实质性的问题。示例如下。

课程评估问卷

课程名称：　　　　　　　　时间：

老师姓名：　　　　　　　　学员姓名：（选填）

填写方法：最后一题烦请书写意见和建议，其余各题给出评分即可，非常满意5分；比较满意4分；一般满意3分；比较不满意2分；非常不满意1分。

一、课程方面

1. 课程内容符合我的期望（　　）

2. 教材编排、案例设计等与培训目标相符（　　）

3. 课程深浅程度适合于我（　　）

4. 课程对我的工作有帮助（　　）

二、老师方面

1. 老师具有相关的知识和经验（　　　）

2. 老师的表达能力（声音清晰，用词专业，语言流畅，富有感染力）（　　　）

3. 老师的答疑能力（能结合实践与课程理论恰当解答学员的问题）（　　　）

4. 老师的互动组织能力（能调动学员积极性、营造良好的互动氛围）（　　　）

5. 老师的教学安排及时间掌握能力（开始/结束、休息等）

三、其他方面

1. 本人参与此次培训的表现（　　　）

2. 本人的收获（　　　）

3. 培训设施与教学辅助工具的安排（场地、投影、音响、幻灯、白板等）（　　　）

4. 培训服务方面，包括接待、组织、现场支持、食宿安排、学员管理等（　　　）

5. 本次学习经历符合我的期望（　　　）

6. 请就本次培训好的方面和需要改进的方面留下你的宝贵意见和建议

好的方面：

（1）

（2）

（3）

需要改进的方面：
（1）
（2）
（3）

5. 课后跟进工具表格

课后跟进工具表格是指用于课后跟踪、督促、支持学员继续学习以及发生行为改变的工具性质的表格，比如行动计划表。这类表格的设计，可以结合课程中的练习以及课后作业等来进行。

6. 讲师手册

讲师手册是指专供授课老师使用的教学资料。最简易的讲师手册制作方法是，把课程所用 PPT 每一页的展示页和备注页都对称地排版到一页 A4 纸上，把这些 A4 纸装订成册即为讲师手册。

7. 学员手册

学员手册是指学员参加培训所用的学习资料。最简易的学员手册的制作方法是，把老师所用 PPT 的展示页和一张同等面积的空白页对称地排版到一页 A4 纸上，每张 A4 纸上可以纵向排列这样 2～4 组页面，把这些 A4 纸装订成册即为学员手册。

8. 其他所需资料

其他所需资料通常是指应企业方要求需要在课程中展示的相关资料以及根据课程特殊性所需要开发的相关资料。

小 结

需要开发的课程辅助工具，包括但不限于以下几种。

1. 课前调研问卷。

2. 课前访谈提纲。

3. 课中所需资料。

4. 课后评估问卷。

5. 课后跟进工具表格。

6. 讲师手册。

7. 学员手册。

8. 其他所需资料。

第 7 节

持续优化，只有更好

当课程辅助工具的开发工作完成之时，整个课程开发工作似乎已经完成了，真的是这样吗？

不是。只是课程开发第一轮的工作已经接近尾声，课程开发的轮次是没有止境的，也就是说课程开发工作是没有完全意义上结束那一刻的。为什么这样说呢？这源于"七步成诗"课程开发方法论背后的哲学观，即辩证唯物主义的认识论。

毛主席在其哲学著作《实践论》中有一段精彩的描述，"实践、认识、再实践、再认识，这种形式，循环往复以至无穷，而实践和认识之每一循环的内容，都比较地进到了高一级的程度。"可见，人类对事物的认识是无止境的。企业的培训课程本质上是对一个问题当下的、较好的、基于人的改变的解决方案。这种解决方案源自内训师对于问题规律的认知。如果对于问题规律的认知是无止境的，解决方案自然是无止境的，课程的持续更新、升级当然是无止境的。因此，从这个意义上说，课程开发工作是无止境的，需要持续优化。

课程优化方法可以从两个方面持续展开。第一个方面是老师方面，即老师需要长期地勤奋工作，包括搜集资料、深入思考、持续实践等，以持续优化课程。另一个方面来自授课过程，即老师与学员之间真实的互动。这个过程无法完全依靠想象完成，是无法替代的。因此，交付课程就成了课程持续优化的基本手段。

课程开发第一轮工作的完成，通常以顺利完成试讲并在此基础上完善课件、最终确定第一个版本的课件为标志。

试讲就是正式授课前的授课，正式培训前的培训，带有试验性质。其目的是验证课程开发中的各种假设，通过观察学员反应、收集学员反馈来优化课程，包括课程逻辑、呈现方式、所用素材等。如何进行试讲呢？建议如下。

① 尽力按照正式培训的标准，准备相应资料，比如学员手册。

② 一般由HR出面发出邀约，征集"课程试讲"的志愿者。

③ 培训师尽量贴近正式培训的分组方式、教室布置等条件，来安排培训现场。

④ 尽量按照正式培训的时长来交付课程。

⑤ 邀请HR伙伴全程参加培训，并提供反馈意见。

⑥ 安排观察员记录学员在培训中的即时反应。

⑦ 用"课程评估问卷"来收集学员反馈。

⑧ 有条件的话，访谈参训学员以获得更全面、更具体的培训反馈。

⑨ 有条件的话，聘请专业TTT导师现场提供教练辅导。

⑩ 内训师综合上述全部反馈信息，优化课程。

关于优化可以重点关注以下几个方面。

① 培训目的、目标、学习要点是否清晰和富有逻辑。

② 学习活动对学习要点的支撑强度如何。

③ 教学手段与学员的匹配度如何。

④ 教学素材与课程的匹配度如何。

⑤ 课程各个模块的过渡与衔接是否平顺、丝滑。

试讲有条件的话，多多益善。通常两次试讲之后，内训师就可以对课件、现场呈现效果建立起比较强的信心了，第一个版本的课件就可以确定了。这也就意味着，经过了两次优化之后的课程内容对于内训师而言，可以达到一个比较可靠和满意的程度了，课程交付的条件基本成熟了。

小 结

1. 课程持续优化背后的哲学观：辩证唯物主义认识论。
2. 关于试讲，有 10 条建议。
3. 课程优化需要关注 5 个方面。

第五章 内训课程交付五原则

FIVE

课程交付指培训师具体实施一次培训课程，就是通常所说的"上课""做培训"。培训的效果将在很大程度上直接决定于课程交付的质量。整个培训项目如果是一场足球比赛的话，那么课程交付就是临门一脚。既然课程交付如此重要，那么需要把握哪些原则呢？我总结了以下5条。

1. 真心喜欢学员。
2. 能让学员做的都让学员做。
3. 因材施教。
4. 循循善诱。
5. 为人师表。

第1节

以真心换真心，才能赢得学员

课程交付的第一条原则：真心喜欢学员。

多年前，当我刚刚跨入职业培训师这个行业的时候，我的老师告诉了我一句话，当时就引起了我的特别注意，冥冥中觉得很有道理，但其实似懂非懂。很多年实践下来，这句话逐渐成了我的"法宝""必杀技"。这句话就是"喜欢你的学员"。

这个观点指向了一个本质性的问题，即培训师和学员之间应该建立一种什么样的关系。要想回答这个问题，先要明确一个标准，即建立这样关系的目的是什么。这个问题应该不难回答，目的显然是为了获得更好的培训效果。

那么，什么样的关系可以获得更好的培训效果呢？当然是师生之间高度信任的关系了。

在培训师和学员关系建立的问题上，培训师作为培训课程的执行者，通常处于更主动的地位，有责任推动师生之间信任关系的建立。怎么推动信任关系的建立呢？答案就是喜欢你的学员。

当培训师来到培训教室，学员们也陆续进入培训教室的时候，培训师最先应该做什么呢？**发自内心地喜欢每位学员**。在外显的行为方面，具体表现为热情地打招呼、真诚地问候和微笑等。

有人可能会说，这些"具体表现"每位老师都会做的，不必发自内心地去做吧？

问题恰恰就出在这里。简单地说，"发自内心"地去做和不"发自内心"地去做这些动作，效果完全不同。发心不同，所触发的身体语言是不同的。这种不同会被对方用潜意识、用真心感受到。由此，两种情况所建立信任关系的效果也大不相同。

接下来的问题是，老师们做到"发自内心地喜欢每位学员"容易吗？怎么才能做到这一点呢？先来探讨第一个问题。

对于有经验的培训师，做到这一点其实不容易。因为培训师经常会受到学员的伤害，有经验的培训师更是伤痕累累，主要表现在两个方面。

第一个方面，老师全力以赴地授课并且整体效果不错，但是，在课后培训效果调查问卷中，有的学员仍然给出低分。一个低分就像一把刀子一样，刺痛老师的心。这一条曾经对我造成很深的伤害。我经历了很长时间才慢慢地接受了一个现实，即老师这种角色具有"悲剧性"的一面。因为老师们总是在挑战一个不可能完成的任务——让每位学员满意。当老师把"让每位学员满意"设定为自己目标的时候，"悲剧"就产生了。因为这个世界上有一句谚语，叫作"众口难调"，总有个别学员否定或不够认可老师的工作成果。

第二个方面，个别学员上课期间的注意力不集中，比如接打电话、低头玩手机、用电脑处理工作。这些行为经常被解读为对老师工作的不尊重、不投入及不配合。

有过这些体验的老师，很难做到发自内心地喜欢每位学员。遭受了这些伤痛经历的老师，如果没有及时地进行心理疏导，可能会演化出一种心理保护机制，即企业付钱、我付出时间、公平交易、两不相欠。如何才能真心地喜欢学员呢？为什么要真心地喜欢每位学员呢？

我从事培训师职业 20 多年了，对于学员的态度经历了类似"否定之否定"规律的三个阶段：真心喜欢每位学员——无法做到真心喜欢每位学员——做到真心喜欢每位学员。上文关于"伤害"的内容解释了从第一阶段到第二阶段的转变原因，下面结合我的经历重点解释一下从第二阶段到第三阶段的转变原因，同时尝试回答"为什么要真心地喜欢每位学员以及如何做到"这个问题。我能实现第二次转变，大概有以下几个方面的原因。

（1）换位思考。

我每年也会参加很多培训。当我反思自己这个学员做得怎么样时，也常常感到惭愧。因为有时为了赶时间而迟到了一会儿，有时为了处理一个紧急事项而离开教室打电话，有时低头回复微信。现代人在通信技术的加持下仿佛比孙悟空还厉害，常常可以同时处理几件事，并自诩为高效工作。这不是什么值得炫耀的好事，但却是事实，是我们需要接受的现实。个别上课表现不佳的学员中，绝大部分都属于这种情况，实属正常，时代和环境使然，虽然达不到老师的期望和要求，但却是事实和现实。老师的期望和要求需要调整，否则只能失望。老师重新调整对学员的期望之后，感觉立刻就会好很多。

（2）逆向思维。

至于个别学员对结果评价不高的问题，老师也要转化视角，进行逆向思维，把这种评价视为优化课程以及改善教学的机会，把其视为礼物，而不是恶意的攻击和伤害。除非老师认为自己的课程以及现场表现绝对完美，否则的话，就应该有负面评价存在。相反，如果学员全部给出高分甚至满分，未必说明全体学员都真的是高度一致的正面评价，很可能是碍于面子或不负责任的反馈。老师只要承认自己仍有改进空间，就应该无条件地接纳负面评价。这种接纳体现了老师真正成熟的一种状态。

（3）找回初心。

每位培训师可以经常问问这个问题，我到底为什么做培训？真的是想要帮助别人吗？还是为了拥有一份不错的收入或为了拥有一个被人尊敬的头衔？再或者拥有更多的晋升机会？

上述各种想法，其实可以分为两类：利己和利他。这两类想法我都有，只是不同阶段占比不同而已。我猜想，对于一般禀赋的培训师而言，职业早期的时候，利己的成分可能更多一些，随着职业生涯的发展，利他的成分可能会逐渐多起来。当然，这个过程不会完全地自然发生，还是要经历一些事情。

多年前，我在广州给广东某通信公司培训两天的沟通课程。课程结束的时候，我照例邀请学员分享收获。一位30出头的女科长第一个举手站起来，眼里闪烁着泪光，动情地说道："这两天的课程将改变我的人生……"后面分享的具体内容我记不清了，大意是说她回去后要立即采取行动，改善和父母之间的关系。那一刻，不知道为什么，我的眼里也涌动着泪水。我突然意识到，我在改变一颗鲜活的生命，那一瞬间我有顿悟的感觉。做培训这件事的意义绝不仅仅是拥有一份不错的收入、拥有更多的社会尊重这么简单！

老师不经意的一些话语就可能触动某个心灵、就可能唤醒某个灵魂、就可能改变某个人的生命状态乃至她周围人的生命状态。我们真的是人类灵魂的工程师，我们在拨动的是人的思想。从这个意义上说，每次上课我们都是在不同程度上给学员们的思想、心灵、灵魂"做手术"。我们是人的"认知"科的医生。谈到这些我想到了两个字"责任"。老师，真的是肩负着改造人类灵魂这份重任的。扛起这份责任，就是老师的使命所在，就是老师存在的意义。类似这样的事情，在我的培训生涯中时有发生，不断激励着我奋力前行。

还有一类事情，对我的激励作用也很大。几年前，我到一家外企培训 TTT 课程。这家企业是我的老客户，合作很多年了。他们的 HRD 一见到我就很开心地说，"Albert，你还记得吗？""不记得了。"他这次也报名课程了，见到我就说，十年前给他上的那门"问题分析与解决"课程对他帮助很大，影响了他的人生，这次听说来上课，立刻报了名。"是工程师吗？""那时候是工程师，现在是企业的研发总监！"我一时间感慨万千，不知如何回应。

我的大脑迅速回忆着十年前的那场培训，在客户办公楼二楼的大会议室，很多工程师，很热烈的讨论……现在想来，竟然有点恍惚。

这类的事情时有发生，让我懂得长期做正确的事、该做的事，也是会得到奖赏的。

这类事情坚定了我长期做培训的意愿。按照复利理论，一件有累积效应的事情，坚持得越久，回报越高。培训就属于这类的事情。

20 多年培训经历让我逐渐想明白了一件事：培训是一件极其有意义的事情，因为能改变这个世界上最宝贵的存在——人，而且这件事做得越久越有意义。因此我的推论非常简单：生命不息，培训不止。

想明白了这些事情，初心就找回来了。"为什么要发自内心地喜欢学员"这个问题，就不再是问题了。答案很简单：**做培训帮助学员发生改变这件事意义极大，发自内心地喜欢学员，可以帮助这件事发生。**

当我有了这样的发心之后，再去面对"个别学员"的时候，情况改变了。同样是遇到个别学员，之前我会怪罪学员或归咎运气不佳；之后我会心生愧疚，因为我还没有帮到这些学员，因此会更关注这些学员的表现、更深入地思考这些学员的需求以及不断尝试用各种手段来影响这些学员。

绝大多数情况下，这些学员的状态会发生积极的改变，我认为不是手段起作用，而是手段背后所传递出来的善意激发了这些学员。有句话说的是，管理就是激发员工的善意。套用这句话，培训就是要先激发学员的善意。一旦学员的善意被激发出来了，那么这场培训课程的效果就有了保证。

还有极少数的情况是，仍有极个别的学员没有被我的善意激发起来，怎么办呢？

之前我可能还会有一些抱怨，因为我付出了那么多额外的努力也没有结果，也没有换回学员状况的改善；现在我不会抱怨了，因为有一句话帮到了我。这句话来自被誉为"万世师表"的孔子的一句名言，"求仁得仁，又何怨乎？"

老师为所有学员的所有付出，不是用来交换学员的"感恩戴德"，甚至不是用来交换学员状况的改善，而是老师的本分所在。**老师求的是自己付出全力去帮助学员，而后做到了，那么何来抱怨呢？**

仁，是一种状态，是一种全然利他的状态。追求这种状态只会给老师带来警醒、产生鞭策、促其精进；绝不应产生抱怨，因为追求"仁"的过程只与自己有关，与他人无关。

如果一名培训师修成了以上的心法，他将很难被伤害到，因为他获得了真正意义上的强大——内心的强大。我不敢说自己有多强大，但是觉得在这种心法的加持下，自己每次做培训都可以获得一次近乎完美的享受，我与学员都可以获得一次教学相长的完美体验，共享成长的喜悦。

培训师如果能做到真心地喜欢学员，师生之间的沟通之门就可以瞬间被打开，师生之间的信任关系就可以快速地建立起来。课程交付的原则一，其实可以简化为一个字：爱。

老师对学员有了爱，很多问题迎刃而解。比如，老师会对学员的状况真心地感兴趣，发现学员更真切、更深层的需求；老师会发自内心地尊重学员，尤其尊重学员之间的不同；老师会更公平地对待全体学员；老师会更有耐心地对待暂时落后的学员；老师会更加包容学员的缺点。

小 结

课程交付的第一条原则是，真心地喜欢学员。

老师真心地喜欢学员能够推动师生之间信任关系的建立，以利于达成培训目标、实现满意的培训效果。

真心地喜欢学员和非真心地喜欢学员，效果迥然不同。

真心喜欢学员不容易，尤其对于有经验的培训师，因为受伤很多。

怎样才能做到真心喜欢学员？换位思考、逆向思维、找回初心。培训几乎是这个世界上最有意义的事情了，因为能改变人。真心地喜欢学员能促进这件事（改变人）的发生。

对于个别学员不够合作的行为不再有任何抱怨，只因为参透了一句话——求仁得仁，又何怨乎。

真心地喜欢学员，其本质是无条件地接纳学员，无条件地爱学员。

爱，是诸多善举的动力源泉。其他职业也许爱可以少一点，但是老师这种职业，万万不能缺少了爱。没有爱的人做老师，将是学生的"灾难"；有爱的人做老师，将是学生的幸福。

第 2 节

能让学员做的都让学员做

这个原则的含义是尽量鼓励学员多做事,以充分激发学员潜能。鼓励学员可以多做以下两类事。

1. 支持课程开展的辅助性工作

这类工作很多,比如分发资料、领取道具。这些事情能让学员做的都让学员做。原因有以下几条。

(1)老师忙不过来。

一个班级通常 30 人左右,分为 5~6 个小组。培训中经常会有分发资料、收集资料的环节,如果每次都是老师来做,显然会耽误很多时间,因此老师要把学员组织起来,以分担老师的工作量。

(2)助教也忙不过来。

培训场景中,多数情况下都有助教在场。助教的任务是为培训提供辅助性的支持,比如帮助老师擦黑板,帮助学员粘贴大白纸(记录了小组观点,用于全班分享)。有人可能会觉得,既然有专职的助教在场,非学习的所有工作是不是都应该交给助教来做?不是的。对于一个 30 人左右的班级，一般会分 5～6 组，如果仅仅依靠助教去做辅助性工作，课程的执行效率肯定还是比较低的。

（3）有付出才更珍惜。

学员参与培训的一些支持性工作，通常会让学员更珍惜自己的劳动成果、更认可培训，即付出越多越珍惜。

（4）有利于学员正确心态的建立。

我曾经经历过比较"奢侈"的培训，企业方为每组学员都配备了助教。在整个培训过程中，学员除了坐在位子上听课、参与讨论外，不用做任何事情。学员有任何需求，包括拿杯水，都可以通过召唤助教来解决。这样做看上去是为学员节约了一分一秒的时间，可以大幅提高学员听课的效率，但是实际情况未必如此。这样的安排会让学员充分体验"上帝"的感觉，但不是学生的感觉。学员承担两个角色，一个角色确实是客户、是"上帝"，另一个角色是学生、是弟子。这两个角色平衡起来才是正确的选择，才真正有利于他们的这一次学习和成长之旅。如果两个角色失衡，常常会导致学员的行为错位，最终损害培训效果。听从老师指令，参与课程的一些支持性工作，会提醒学员摆好自己的位置，即自己的主要角色是学生不是客户、自己的主要目的是学习不是评判。

2. 课程内容

对于课程内容，能让学员做的都让学员做，老师只做学员做不了的事情。简单地说，就是把简单的事情留给学员做，把复杂的、难的事情留给老师做，老师的行为一定要给学员带来增值，否则就是浪费学员的时间。比如组织一次案例研讨，一定要先请学员分享观点、心得，然后由老师纠正不正确的观点、补充被忽略的观点、挖掘出更深层的观点，而不是与之相反。如果顺序搞反，由老师先分享，势必会讲到一些简单的、显而易见的观点，这部分内容虽然会唤起学员的一些共鸣，但是，实际并没有带给全体学员新的价值，时间久了一定会降低学员的满意度。一句话，把"低垂的果实"留给学员，老师只做学员做不了或做不好的部分。

具体怎样调动学员参与到上述两类工作之中呢？方法主要有以下两条。

第一，将全体学员高度地组织起来。一般情况下，可以在开场环节就指导全班学员分为若干小组，并产生小组的组长、副组长、秘书等人员分工，甚至还可以产生班长、副班长、纪律委员等班委会的人员分工。全体学员一旦组织起来，执行各类任务就有了抓手。

第二，正确地发出指令。老师向学员发指令这件事情很不简单，至少要注意以下几个方面。

① 每次发指令前，先要评估彼此的信任水平，信任度越高，指令难度可以越大。反之，信任水平越低，指令难度就要越小。比如开场的时候，老师和学员之间的信任度很低，老师就先不要发布难度较高的指令。一条指令意味着一项任务，其难度主要受两个方面影响：一是任务本身的复杂度，越复杂越难；二是完成这项任务需要调用的人的情绪和心理资源，需要调用的越多，任务越难，比如推举组长这类需要公开表达态度的任务。

② 循序渐进地提高所发布指令的难度，即总是先发布容易的指令，随着互动增多、彼此信任度不断提高，逐渐提高指令难度。

③ 每条指令的含义清晰、单一、具体，老师需要把复杂任务拆分成若干单一任务，每次向学员布置一个任务。最近一次 TTT 辅导中，一位内训师在开场时发出了这样的指令，"给大家 3 分钟时间，请大家互相认识一下，每个组推选出组长和秘书。"现场学员的反应

是有卡顿的,老师自己感觉也不顺畅。她的这条指令里面包含了两个任务,"大家互相认识"和"推选组长和秘书",限定时间3分钟。时间本来就不多,还要处理两项任务,那么,如何分配时间就成了难题。最终导致这个任务的难度提高了,学员们的配合度、完成度就降低了。而且"大家互相认识"这个任务不够具体,学员具体该怎么做呢?互相认识什么呢?正确的指令是"为了更好地互动,我们先要快速建设一下我们的团队。请每个小组的同事,互相介绍3件事:姓名、职位、爱好,时间3分钟。一会儿我要到各组随机抽查一下,开始吧"。这条指令的第一句话和第三句话分别引出发布指令要注意的第四个方面和第五个方面。

④发布指令之前,给到学员一个明确的理由。人要发生某种行为,需要先有动力。给学员讲清楚理由,就是给学员注入动力。另外,要求学员做事之前讲清楚理由,也体现了老师对学员的尊重。这里的逻辑是:老师相信学员有成熟的判断力,对于自己所给的理由也有足够的信心,于是老师先给出理由,再给出指令;学员们听到后,经过自己的思考和判断,得出结论——理由成立,然后学员们自主选择执行老师的指令。

⑤发布指令之后,给出一个检查指令是否达成的方法并承诺要进行检查。人,还是一种天然具备"以终为始"能力的物种。人在决定是否开始做一件事之前,通常要想两件事:一是为什么要做,即如果做成之后会有什么利益;二是如果不做会有什么后果,如果不做的后果很糟糕,那么最好还是去做。这相当于给学员一个推力、一个必须要做的理由,同时也给到学员一种做事的完整感。

小 结

两类事情鼓励学员尽可能多做。

1. 课程的辅助性工作。

2. 课程内容部分。

如何调动学员参与到上述两类工作之中。

1. 把全班学员组织起来。

2. 正确发出指令,注意五个方面。

第 3 节

掌握学员特点，因材施教

课程交付的第三个原则：因材施教。

这条原则出自《论语·先进篇》原文如下。

子路问："闻斯行诸？"

子曰："有父兄在，如之何其闻斯行之？"

冉有问："闻斯行诸？"

子曰："闻斯行之。"

公西华曰："由也问闻斯行诸，子曰'有父兄在'；求也问闻斯行诸，子曰'闻斯行之'。赤也惑，敢问。"

子曰："求也退，故进之；由也兼人，故退之。"

翻译大意如下：有一次，孔子讲完课，回到自己的书房，学生公西华给他端上一杯水。这时子路匆匆走进来，大声向老师讨教："先生，如果我听到一种正确的主张，可以立刻去做吗？"孔子看了子路一眼，慢条斯理地说："总要问一下父亲和兄长吧，怎么能听到就去做呢？"子路刚出去，另一个学生冉有悄悄走到孔子面前，恭敬地问："先生，我要是听到正确的主张应该立刻去做吗？"孔子马上回答："对，应该立刻实行。"冉有走后，公西华奇怪地问："先生，一样的问题你的回答怎么相反呢?"孔子笑了笑说:"冉有性格谦逊,办事犹豫不决,所以我鼓励他处事果断。但子路逞强好胜,办事不周全,所以我就劝他遇事多听取别人意见,三思而行。"

2500 年前的孔子用自己的言行向后人生动诠释了因材施教的内涵。因,根据、依据;材,材料、资质;施,实施、施加;教,教导、教育。每个学生的性格、禀赋当然是不同的,因此施加相应的、不同的教育也就成了必然的、正确的选择。这种教育原则影响了中国乃至世界两千多年。作为后世子孙,我们怎么能不将其奉为圭臬呢?

然而现状经常是,老师以"学员多"为理由,直接放弃了"因材施教"。这种现象的原因常常是老师缺乏方法、能力不足。事实上,"因材施教"这种做法是对老师提出了很高的要求。老师既要精通每个知识点,又要基于对每位学员特点的敏锐观察而迅速给出不同的学习建议。当然,凡事都有两面性。"因材施教"虽然有挑战,但是如果按照正确方法努力去做、坚持去做,日积月累,老师的经验、功力一定会获得巨大的提升。

2018 年 7 月,我应邀为某大学马克思主义学院的老师们培训 TTT 课程。课后一位老师问我:"高老师,你的这套理论针对 20 ~ 30 人左右的小班可以。但是,我们面对的是 100 多人的班,在阶梯教室上课,这个方法还能行吗?"我很欣慰,这位老师看来真的打算回去试试新方法。我说:"方法可以做一些调整,但是原理是不变的,亲测有效。我带过 100 多人的内训课程。当时,给某汽车集团研究院的 100 多位科级干部培训创新课程,现场分了 10 多个组,培训效果超出预期。人多了,有坏处,也有好处。坏处是,课程组织起来更具挑战一些;好处是,讨论出来的成果更丰富,课程的价值更高。我还带过 240 人的沙盘课程,分为 24 个组,现场产生了 48 位助教……"听完了我的经验分享,那位老师决定趁新学期开学就尝试新的教学方法。

第五章 | 内训课程交付五原则

2019年1月的一天，我收到了那位老师的微信，大意是对我表示感谢，那个学期的授课基本做到了因材施教，效果不错。我特别开心，因为我不仅仅帮到了一位老师，而且借由她帮到了更多的天之骄子。这种杠杆效应，令我对TTT课程着迷。

那么，在企业培训的场景中，具体如何应用因材施教这条原则呢？建议从以下三个层面来考虑。

（1）班级层面。

当学员较多、分为多个班级、参加同一门课程的时候，老师要敏锐地观察和评估每个班级的差异来及时调整教学的策略和手段。比如，有的班级气氛活跃一些，老师通常要更热情一些并注意时间的掌控；有的班级气氛沉闷一些，老师通常要设法更快地与学员建立信任、更多地调动学员参与，以改善课堂气氛。

（2）小组层面。

只要是互动成分比较多的课程，通常都会将每班学员分成若干小组。这个时候，老师要及时地观察、评估各个小组的差异来调整教学策略和手段。比如，有的小组学习进度比较快，老师可以给其适当增加附加内容来满足他们的学习需求；有的小组学习进度比较慢，老师可以分配更多精力用于辅导该组的学习以追上进度。

（3）个人层面。

这里又分为以下几种情况。

1）精品小班。

比如TTT项目的培训班，一般都是十几个人。这个时候，老师就有机会像孔子一样真正对每个学员都做到因材施教。

2）普通班级。

比如30人左右的培训班，一般分为5～6个小组。这个时候，老师通常已经无法做到对每位学员给予充分关注并因材施教了。我的建议有两条：老师可以以小组为单位，逐个观察学员反应，及时发现"问题"学员，即学习遇到阻碍的学员，及时给予干预；老师多分配面向全班的问答交流时间，以更多地支持个性化需求，让因材施教原则能惠及更多人。

3）大班。

比如30人以上的班级，老师显然无法完全做到因材施教，那么我的建议是，尽量多地分配时间用于面向全班的答疑、问答等互动活动，尽一切可能走到学员中间与学员进行互动交流，让因材施教原则可以惠及更多学员。

小 结

因材施教原则源于万世师表的孔子。

这条原则对于老师提出了挑战，同时又是帮助老师成长的秘诀。

因材施教就是实事求是，就是具体情况具体分析，就是最大程度地理解和尊重学员之间的差异，就是尽最大努力让每位学员的收益最大化。

老师需要关注班级之间的差异、小组之间的差异、个人之间的差异，根据这些差异对培训活动做出相应的调整。

适当增加答疑、问答环节的时间，有利于因材施教原则的落实。

第 4 节
循循善诱，让学员心悦诚服

课程交付的第四个原则：循循善诱。

这条原则出自《论语·子罕》，原文是："夫子循循然善诱人，博我以文，约我以礼。欲罢不能。"后人据此提炼出"循循善诱"这条成语，是指耐心地、有步骤地启发人、诱导人进行学习的一种教育方法。这条原则的内涵有以下两个方面。

第一，老师的状态是耐心的、不急不躁的；第二，老师的教育方法不是平铺直叙的、灌输式的、填鸭式的，而是启发式的、引导式的、互动式的，并且是有计划、分步骤、循序渐进的。

这条原则要求老师既有高尚的品德，又有高超的能力。

品德是指对学生无私的、无条件的关爱。只有老师具有这种对学生真正无私的关爱，才能真正耐心地去对待、教育每位学生。

能力包括三个方面：知识拆分；状况识别；启发、引导、互动。

1. 知识拆分

知识，常常是以整体形式出现的，老师需要具备一种很重要的能力，即还原的能力，将复杂问题拆分成简单问题，将复杂的、整体性的知识拆分成简单的、单一性的知识。

2. 状况识别

状况识别就是能换位思考，及时甄别出学员状况的不同。作为培训师，需要甄别学员的哪些状况呢？主要包括以下两大类情况。

① 对老师所讲内容不理解，通常表现为摇头、茫然、无所适从、不安、迷惘、疑惑等。

② 对老师所讲内容理解。理解状态，可以再细分为两种子状态。

A. 理解并认同，通常表现为点头、微笑等。

B. 理解但不认同，通常表现为摇头、疑惑等。

有些相同的行为可能预示着学员的不同状态，比如摇头、疑惑。这些行为，既可能表示学员不理解，也可能表示学员理解但不认同。这个时候，老师需要向学员了解一下情况，是不理解还是理解但不认同。

3. 启发、引导、互动

（1）启发。

启发是指基于换位思考的角度，设计问题、提出问题的能力，目的在于激发学生的思考。从某种意义上讲，**提出问题比回答问题更重要**。因为人类的思考主要由问题触发，所以一个好问题可以触发人们更有效、更高质量的思考。来看一个经典的例子，《列子》中记载了一个故事，原文如下。

孔子东游，见两小儿辩斗，问其故。

一儿曰："我以日始出时去人近，而日中时远也。"

一儿曰："我以日初出远，而日中时近也。"

一儿曰："日初出大如车盖，及日中则如盘盂，此不为远者小而近者大乎？"

一儿曰："日初出沧沧凉凉，及其日中如探汤，此不为近者热而远者凉乎？"

孔子不能决也。两小儿笑曰："孰为汝多知乎？"

每次看到这个故事，我都会赞叹两小儿的问题，要想回答，非要对天文学做深入的研究不可。

有没有什么问题在培训现场经常可以用到，几乎是"放之四海而皆准"，每次都能够很好地启发学员们思考呢？真有这样的问题！

我在培训现场比较喜欢问的问题是："某某现象背后的本质是什么呢？"这个问题总能激发学员们更深入的思考、更热烈的讨论。究其原因，也许是因为归纳是人们比较擅长的能力吧。归纳后所得出的结论更抽象，也能指导更广泛的实践，意义更大，所以人们很愿意参与归纳性质的讨论。

关于如何提问，有一种非常经典的方法，即"5W1H"，它通过提出关于对象（What）、原因（Why）、地点（Where）、时间（When）、人员（Who）和方法（How）六个方面的问题来帮助人们思考和分析。

对象（What）：用来了解问题的具体内容、事情的基本情况。

原因（Why）：用来分析问题产生的原因。

地点（Where）：用来了解问题发生的地点或范围，思考地理位置对问题的影响。

时间（When）：用来了解问题发生的时间，思考时间因素对问题的影响。

人员（Who）：用来了解问题涉及的人员或责任者，思考他们对问题的影响。

方法（How）：用来了解问题解决的方法和步骤，思考新的解决方案。

（2）引导。

引导是指基于某个特定目标，有计划、有步骤地指导学员向着目标前进。举个例子，培训现场，学员们分小组入座。在开场环节，老师的目标是让每个小组产生初步的凝聚力，以便于后面的团队学习。老师的策略是把各小组成员组织起来，如何组织，分为以下四个步骤。

① 小组成员彼此熟悉。

② 小组成员共同推举组长。

③ 小组成员共同推举副组长。

④ 小组成员共同推举秘书。

老师相应的引导话术如下。

① 同学们，为了高效学习，各小组的成员们需要快速熟悉起来。给大家3分钟时间，小组成员彼此熟悉3件事：姓名、职务、爱好。一会儿，我要到各组进行抽查，开始吧。

②（抽查后）为了各小组的高效运行，我们需要推举一位组长，请各小组投票产生你们的组长。1分钟时间，开始吧。

③（确认组长后）光有组长，孤掌难鸣，我们还需要一位副组长。请各小组投票推举副组长。1分钟时间，开始吧。

④（确认副组长后）强大的领导班子至少需要3个人，还有一个重要的角色——秘书。请各小组投票推举秘书。1分钟时间，开始吧。

⑤（确认秘书后）至此，我们的团队初步组建完成，其他的队员可以安排别的职务，比如二秘、三秘，都可以。（学员笑声）好！我

们继续课程。

（3）互动。

互动是指老师与学生、学生与学生之间的沟通和交流。老师如何能够更好地激发这种互动呢？我有以下两点建议。

1）保持开放的状态。

这个世界上，没有绝对正确和绝对错误的情况。任何事情的发生都有其内在逻辑。因此，老师需要敞开心扉，随时准备接纳任何不同。内心开放了，肢体也要打开，比如，经常张开双臂而不是交叉抱在胸前。

2）有讲有问，有答有应。

有讲有问，是指老师不要自己一直讲，而是讲完一段内容之后，及时停下来问一些问题，测试学员们的理解程度或激发新的思考。有研究发现，成年人的注意力通常只能维持 8 分钟。据此，建议老师一次连续讲授的时间不要超过 8 分钟。如果内容太多，可以分成若干个模块，逐个讲授。每个模块讲授完，通过提问触发互动，重新聚焦学员们的注意力。有答有应，是指学员们回答问题后，老师要有所回应，包括点评、总结等，还可以追问新的问题，让互动更深入地进行下去。

小结

耐心是美德背后的美德。

循循善诱需要这种美德。

光有美德还不够，还需要相应的能力做支撑，具体包括拆分知识；识别状态；启发、引导、互动。

第5节

好为人师，不如为人师表

课程交付的第五个原则：为人师表。

这条原则是指，老师要在道德和行为方面成为学生们学习的榜样和典范。这条原则初一听，人们可能觉得很奇怪，难道不应该是这样吗？

老师在课堂上一旦犯错，可能会影响若干学生的状态及走向，这个后果太严重了。

那么老师会犯错吗？当然会。因为老师也是人，而人总是具有各种习气、毛病，比如贪嗔痴慢疑、财色名食睡。所以，老师也总是不同程度地具有上述各种缺点。这是一个方面。

另一方面职业特点导致老师总是处在被尊重、被推崇，甚至被恭维、被娇宠的环境中，这种环境的长期浸润会让老师不同程度地产生一种错觉：自己就是真理的化身，自己成了全知全能的"上帝"。这种错觉会严重阻碍老师的进步，会大大加重第一个方面所列举的那些缺点。这个自以为是的进程如果不被阻断，老师必将犯下严重的错误。我在很多年前察觉到这一点的时候，惊出了一身冷汗并为自己的无知而羞愧万分——原以为光鲜亮丽的一份职业原来竟然是一份实实在在的"高危职业"。真相与表象之间真可谓是天壤之别。老师的职业环境常常会诱发其自以为是,从而犯下错误。

老师这种职业通常会导致其普遍能说、会说、说得多。另外,老师通常看的书多,知道的东西多,这进一步强化了其说的能力、"知"的能力。同时,看书和讲课占据了老师大部分时间,老师"行"的能力,即动手做事的能力,某种程度上受到了限制。以上种种因素最终导致老师知行合一的能力参差不齐,有些老师沦为了"理论上的巨人,行动上的矮子",有的被人戏称为"嘴把式"。知行不一、知多行少,也是老师容易犯的毛病。

综上,如果你认同我的分析,那么,为人师表这四个字对于每位老师来讲都应该是沉甸甸的。那么,课程交付的第五个原则——为人师表,对于老师来说具体意味着什么呢?

1. 德为先

道德是人们行为的准则和规范。对于老师来讲,德为先意味着老师的一言一行都要符合社会规范、公序良俗,为学生做好榜样。换句话说,老师不可以大大咧咧、随随便便讲话,而应该谨言慎行。对于人性中的各种弱点,老师更加需要"壮士断腕""刀刃向内"的勇气,自我革命、坚韧不拔、勇猛精进,持续提升自己的品德。什么是品德?我的理解是:**品德就是一个人利他的程度**。一个人利他程度越高,品德越高;反之,利己程度越高,品德越低。提升一个人的品德,我的心得是可以从两个方面入手。

(1)宏观层面。

持续学习,扩大视野,思考利己和利他之间的关系,思考和感知道德的内涵。

（2）微观层面。

从身边小事做起，从对待身边每个人开始。这个过程中，人们会感受到挣扎、冲突，而这些不协调本质上都来自利己和利他之间的矛盾。我们要让自己逐渐学会平衡利己与利他之间的关系，让自己逐步扩大利他的认知和能力，逐步提高品德水平。

2. 知行合一

老师讲给学生的东西，不应该只是老师听说的、知道的东西，而应该是老师践行过、验证过的东西。真知意味着必定真行，真行才能验证真知。老师绝不能拿着自己没有做过、只是道听途说来的东西去"忽悠"学生。

3. 永远保持谦逊

每种职业或多或少都会有一些习惯，人们戏称为"职业病"。老师这种职业的职业病，通常是"好为人师"，即老师不分场合，总想着指导别人、教育别人，结果是经常遭人厌烦。这种情况的"病根子"在于不够谦逊。即使在自己的专业领域，老师也要务必保持谦逊的状态，让自己的生命充满活力。因为，人一旦失去了谦逊，即走入了傲慢、自以为是的泥潭，那么这个人将立刻由开放状态转为封闭状态。而封闭状态下的任何事物，在物理学的熵增定律作用下都将走向衰落。反之，只有事物处于开放状态、不断引入新的信息和能量，事物才能对抗熵增、保持活力、继续存在下去。谦逊，带来开放，带来活力。

当老师保持谦逊、开放状态的时候，其活力和生命状态，也将极大地影响学员。这种影响的价值比知识的价值也许更大。

小结

课程交付的第五个原则是：为人师表。

这个原则最根本内涵就是，德为先。因此，对于每位老师来讲，这个原则都是沉甸甸的，都是需要修"日日不断"之功、勇猛精进，以求不辜负"老师"这一光荣而神圣的称谓。

同时，老师要提升行动力，真正做到知行合一，实践出真知。

最后，永远保持谦逊，是老师拥抱活力的不二法门。

第六章 内训课程交付的八大步骤

SIX

内训课程交付意味着内训师来到现场要与学员们发生真实的互动了。如何让这场互动顺利地发生呢？有8件事，建议内训师高度重视起来。

　　1. 做好课前准备，为成功交付课程打好基础。
　　2. 掌握培训礼仪，快速拉近师生距离。
　　3. 好的开始，是成功的一半。
　　4. 制定好策略，让课程展开更稳健。
　　5. 不同类型内容的典型教学方法。
　　6. 课程应变，要学会"以不变应万变"。
　　7. 应对问题，要学会"化敌为友"。
　　8. 师生共创，在高潮中结束课程。

第 1 节
做好训前准备，为成功交付课程打好基础

培训之前，老师有一些工作要尽早着手去做，包括问卷调研、电话访谈、课程调整等。这些都是训前必做的功课。

课程开发阶段已经设计好问卷，开课前老师要与企业的 HR 沟通问卷下发以及回收的时间。我的建议是，开课前两周下发问卷，接下来一周之内回收完毕，留下一周时间进行电话访谈并做最后的课程调整。

问卷回收之后，通常可以做一些统计分析，了解这个班级的整体情况，比如学员的平均年龄、性别比例、工作职责分布、所遇到的典型问题、典型需求。即使有问卷统计分析的结果，我仍然建议老师要认真阅读全部问卷，这个过程其实是老师和每位学员之间建立连接的开始。虽然老师不能一下子完全记住每位学员的情况，但是未来一旦需要相关信息的时候，总可以更快地回忆起来或检索到。

这个时候，老师已经可以对这个班级的整体状况产生一些感觉了，并且会对某些问卷中的某些回答产生一些疑问，"他为什么这样说？""他所举的这个例子想说明什么呢？"等。老师需要像福尔摩斯学习，从蛛丝马迹（问卷上的只言片语）中，努力发现更多真相。

这个过程其实并不容易。老师要增强对问卷信息的敏锐度，善于发现线索。为此，老师要保持头脑的开放，避免自己陷入思维定式，要能进一步提出问题，以驱动更深入的思考。举例如下。

课前调研问卷：培训培训师

1. 基本信息：姓名___李明___职务___部门经理___年龄___39___性别___男___

主要职责，具体如下。

（1）设定部门目标并和员工一起为这个目标努力奋斗。

（2）处理部门内部事务，安排部门员工工作并跟进进展。

（3）当员工遇到障碍时，帮忙一同解决，提供技术指导。

2. 之前有无参加过类似的培训？有（√）无（　　）

如果有的话，是什么主题？　　Presenting to Win（主要重点在演讲技巧）。对该次培训，您有何反馈意见？

3. 如果需要开发课程，目前采用什么流程和方法？

准备ppt，演练，正式上课。

4. 计划开发的课程主题是什么？面向什么群体？时长多少？课程目标是什么？

发动机的开发，面向新的工程师。预计半天的课程，目标在于让工程师能够理解相关注意事项，以更好地指导将来的工作。

5. 如果需要讲授课程，目前采用什么流程和方法？

准备ppt，演练，正式上课。

6. 讲授课程，一般用什么方式开场？什么方式结尾？

以问题开场，增加带入性。以回顾讲授的内容结尾，增加学员的记忆力。

7. 希望学员改变或强化某些观点，一般如何操作？

问问题、用手势、停顿。

8. 希望学员学习或强化某些知识，一般如何操作？

问问题、用手势、停顿。

9. 希望学员掌握或提升某些技能，一般如何操作？

告知提升这一技能的重要性，并采取讲述的方式让学员便于理解记忆。

10. 对本次课程，您有什么期望？

使自己的演讲技巧以及 ppt 准备的技巧能够更加丰富，通过演练，更加自信。

先简单说明一下这份问卷的设计原理。第 1、2 题收集学员背景信息和相关受训经历；第 3 题收集学员课程开发方面的知识储备和现实状况；第 4 题了解学员目前对本次课程的准备度；第 5～9 题收集学员课程交付方面的知识储备和现实状况；第 10 题收集学员对培训的期望。至此，我心目中这位学员的样子大致如下。

① 一位管理者，正向积极，目标感、团队意识都很强，能和员工打成一片，并能为员工提供技术支持。

② 对于本次培训有较为充分的准备，意愿度较高。

③ 之前参加过演讲课程并受其影响较深，以至于该学员似乎觉得演讲和 TTT 类似，因而可以用演讲技巧、PPT 准备技巧替代 TTT 方法论。

④ 对 TTT 的理论和实践所知不多。

接下来我设计一些问题，用于电话访谈，来验证一些假设以及对学员进行更多的探索。问题清单如下。

① 员工一般会遇到什么障碍？你是如何支持员工克服障碍的？

② 你所参加的演讲课程主要讲了哪些内容？有哪些印象比较深的

地方？

③课程开发的过程中，你是怎样准备 PPT 的？

④"发动机的开发"这门课程讲过吗？讲过的话效果如何？有什么想要改进的地方吗？没讲过的话，打算怎么开发这门课？

⑤你对课程的期望，可以具体说说吗？还有其他方面的期望吗？

至此，课前问卷处理完了，同时，电话访谈的准备工作实际也已经启动了，而且部分主体工作已经完成了。

电话访谈是指培训师在开课前对部分或全部学员、学员周边的利益相关方（上级、下级等）等，利用电话、微信等工具进行音频或视频沟通，以收集培训需求信息并与受访者建立初步信任的一项训前准备工作。这项工作非必要但是非常重要。

很多时候，由于受访者工作繁忙，没有时间接听训前访谈电话。另外，预约并协调老师和受访者双方的时间，这项组织工作本身就很花费时间，而 HR 伙伴的工作同样是非常繁忙的。最终，电话访谈沦为了培训前非必需的准备工作，但是，这件事其实是非常重要的。每次培训课程，我都会明确要求企业方安排受访者接受我的电话访谈，理由如下。

①前期沟通中 HR 所传递的信息只代表 HR 的视角，有时并不能完全表达出受训学员以及其他利益相关方的想法。

②即使课前调研问卷的回收率较高、填写质量较高，也难以充分展示学员的真实想法。

③课前调研问卷属于冷沟通，即没有温度的沟通，而电话访谈属于热沟通，即有温度的沟通，是人与人之间真实、即时发生的沟通，可以建立彼此的信任，老师还可以由此提前储备几位课程的支持者（俗称"托"）。

④老师可以借由访谈受访者而感知企业文化、这次培训学员群体

的文化特质。

⑤老师可以借由访谈受访者而获得对于学员群体的熟悉感，从而降低自己的紧张感。

⑥语音或视频沟通的信息量非常大，远远大过课前调研问卷上文字所传递的信息量。

⑦电话访谈可以结合受访者的情况，灵活应变，提出更多针对性的问题，以提高信息收集的广度和深度。

基于以上的诸多理由，我认为课前的电话访谈是非常重要的，只要有可能，我都强烈建议老师在授课前进行电话访谈。

电话访谈有两种主要形式：三方会谈、两方会谈。

1. 三方会谈

三方即老师、受访者、组织者。组织者可以是培训机构，也可以是培训机构和HR，或者HR。这种电话访谈一般没有什么问题，只要各司其职就好了。我也遇到过一类挑战——组织者越位，即组织者积极参与到访谈过程中，也想从学员处获得一些信息或一定程度地影响学员。这个时候我的策略是，如果组织者的努力方向和我的计划努力方向一致，我就减少自己相应的努力，避免由于重复努力而浪费时间；如果不一致，我就会干预会谈进程，让访谈回归到我预设的方向上，事后如有必要再向组织者做出解释。

2. 两方会谈

由于组织者工作繁忙或受访者不愿意有第三方在场等原因，电话访谈中只有两方在场，即老师和受访者。这种情况，会出现一个新问题，即谁来发起这次会谈以及具体怎么组织这次会谈。

通常的做法是老师直接打给学员。这种做法对于学员而言有时会比较唐突，同时带给老师的体验也不好。比如学员忘记了或临时有事无法接听电话，再或者开始时把老师电话误认为是骚扰电话。老师是需要被充分尊重的，不谈尊师重教的道德问题，从培训效果角度考虑也需要如此。

更理想的做法是：由HR提前建立访谈专用的三人微信群，向受访者介绍访谈老师，确认好访谈时间，到时候由老师直接发起访谈。这样做可以避免很多唐突和不确定性，使访谈的进行更有保证。

电话访谈的具体做法，下面以我所做的真实访谈为例，分六个步骤进行说明。A代表老师，B代表受访者。

（1）先对齐基础信息。

A：张工，你好！我是高志鹏，是下一周周五、周六两天课程的培训老师。

B：哦，老师，你好！

A：你好，培训通知收到了吗？

B：收到了。

A：这次课程安排在洲际酒店，你过去方便吗？

B：方便的，我自己开车。

A：课程时间是上午9点到下午5点，这两天时间也OK吗？

B：可以的/周五上午有个会，我还要确认一下！

A：太好了/好的，周五上午是这次课程的第一部分，还挺重要的，如有可能，建议你还是克服困难来参加呀！

B：嗯/好的。

上面这个部分经常被忽视。培训师常常认为，学员理所应当知道全部信息并做好了十分的准备，跃跃欲试，就等着来参加课程。真相是学员很忙，有时会忘记课程的事情，还有很多时候，培训与工作有冲突，还没有完全协调好时间。

老师在这个部分要对学员有个摸底的动作，了解学员现在的真实处境。我在访谈中有时还会问，"周六的培训要占用一天休息时间，能协调好家里的事情吗？"学员的反应有时会顿一下，之后态度就会有一点不一样。

这个部分看似聊的话题与正文无关，但是恰恰是在传递更重要的信息——老师是真心地关心每位学员的，不只是把他们看成要参加课程的受训对象，而是把他们看成有着工作、家庭等复杂需求的立体的人，老师想到了学员们可能面临的困难。信任也许就是这样一点一滴建立的。以上做法，是我回顾自己多年来的做法之后，总结归纳而成。

（2）邀请学员介绍自己的情况。

A：你可以简单介绍一下自己吗？包括你的职位、主要的工作职责等，简单说一下就可以。

B：好的，我叫……

这个过程中，我会时常复述及澄清学员所说的内容，确保学员介绍得充分以及我理解得全面、透彻。

（3）结合学员熟悉的场景简单介绍课程。

A：这两天的课程叫"毛泽东领导力"，主要介绍毛主席的领导力的特点，主要围绕怎么进行战略思维、怎么推动变革等话题展开……

B：哦，是这样啊。

（4）探寻学员信息。

如果学员没有填过问卷，可以参照问卷上的问题向学员收集信息；如果学员已经填过问卷，可以结合问卷所填信息，验证老师的理解和进一步挖掘更多信息。

这个过程，除了收集必要信息之外，还可以随机应变收集其他有利于课程开展的信息，比如关于学员所在企业的战略、文化、价值偏好、组织结构，以下面的对话为例。

A：你刚才提到了公司的战略问题，我很想了解一下，你是怎样理解公司战略的？进而，公司战略对于你所在的部门来讲，意味着什么呢？

B：今年公司的战略聚焦……

在互动的过程中，老师可以适时、适度地剧透一点相关课程内容，连接学员所处的真实场景，引起学员兴趣，比如下面的对话。

A：感谢你讲出了自己领导力方面的困惑。这次的课程中会有一个部分探讨战略思维的原则性与灵活性特点，届时应该会对你的困惑有一些帮助。

B：好的，很期待。

（5）给予受访者反向询问的机会。

在电话访谈临近尾声的时候，老师一定要问一类问题，即邀请受访者向自己发问，比如你有什么要问我的吗？你对课程有什么期望。这个步骤很容易被忽略，因为老师这个时候通常已经完成了自己的主要工作任务，注意力经常不自觉地快速切换到了下一个任务上。但是，这个步骤非常重要，不能被忽略。为什么这样说呢？

① 老师这个行为本身在诠释"平等对话"的诚意，体现了对受访者的尊重，而不只是把受访者当作完成任务的工具。

② 老师把发问的权力主动移交给受访者，充分释放善意，通常会让受访者一下子放松下来，这个时候其所提问题，恰恰可以折射出其真实的需求。

③ 老师给自己创造一个展现自己专业度的机会，有助于双方信任的建立。

受访者可能会问两类问题，相应的回应策略建议如下。

① 与课程相关的问题。这类问题只需简要回应，即抛出一两个要点可以部分解决受访者疑惑即可，同时告知学员其余内容课上分享。

② 与课程不相关的问题。一般情况下，老师只需要倾听受访者，用同理心回应其情感诉求即可安抚对方。如果对方坚持索要答案，老师如果具备相关知识储备，回答一两个要点供其参考也无妨；如果老师没有相关知识储备，可以坦诚告知。

（6）访谈小结。

电话访谈的最后一项工作是由老师对本次访谈做出小结，即梳理受访者的主要观点并请受访者修正及确认，如有未尽事项约定跟进办法。最后，老师向对方表达真诚的谢意，结束电话访谈。

特别注意一点，这个过程虽然是老师访谈受访者，但是不要给学员造成被"审问"的感觉、"面试"的感觉，也不要让学员觉得有被"推崇"的感觉，而是让他觉得双方是平等对话、平等交流的感觉。怎么实现这种感觉呢？

老师要做到不卑不亢，就事论事，围绕课程展开相关的沟通，并且老师不只是收集信息，同时会提供一些信息。

电话访谈成功的标准是什么呢？我的经验是可以分为小成、中成、大成。

小成，老师顺利完成访谈任务，拿到了所需信息，同时受访者配合老师完成了工作，没有感觉浪费时间，没有感觉不愉快。

中成，老师圆满完成了访谈任务，获取了翔实、有益的信息，受访者因这次交流而感到愉悦、有价值。

大成，在以上成果的基础上，受访者收获了价值，老师与受访者建立了信任。

每一次人与人之间实时的互动都更有机会为彼此创造出真实的价

值并迅速建立起相互的信任。这种互动效果的前提是平等与尊重。电话访谈为老师提供了这样一种难得的互动机会，是老师课前准备工作中的重要一环。

课程调整通常是指在课前调研问卷以及电话访谈工作结束之后、在正式课程开始之前，老师针对已经开发完成的课程，结合问卷、访谈所获信息，进行上课前最后的课程调整和优化。调整和优化哪些方面呢？

一般来讲，课程的目标和逻辑框架不需要调整，即只是调整细节，主要包括节奏和方式。

节奏是指课程各个模块向前演进的速度快慢。比如，课程总共有5个模块，对于A班，结合其特点，1、2模块需要慢一些，3～5模块可以快一些；对于B班，结合其特点，1、2模块可以快一些，3～5模块需要慢一些。这种调整的挑战在于控制时间，因为课程的总时长不变，所以老师要精心设计每个环节的时间缩放，以求总时间可控。

方式是指学习活动，即实现学习要点的做法、措施等活动。不同类型的学员群体可以安排不同类型的学习活动，以期达到各自最佳的培训效果。比如，针对销售类的学员群体，可以安排更活跃的学习活动；针对内勤、后台类的学员群体，可以安排更安静、保守的学习活动。这种调整的要求是：万变不离其宗，即万变不离培训目标、学习要点。

小 结

　　问卷设计要简洁、全面，主要包括学员背景信息、对所参加课程的准备度、相关场景下的挑战以及目前的应对方案、对课程的期望等。

　　课前电话访谈的问题虽然与问卷中的问题相似，但是访谈具有一定程度的不可替代性。访谈不仅可以帮助内训师获得更多鲜活的信息，而且可以彰显老师对学生的尊重、关爱，有利于师生之间信任关系的快速建立。这一点特别重要，不可轻视。

　　课程调整，不必也无须"伤筋动骨"，微调即可，关乎节奏和方式。

第 2 节

掌握培训礼仪，快速拉近师生距离

老师与学生们终于要见面了。人与人面对面的活动离不开一类知识——礼仪。

培训礼仪是指培训师在培训中的行为规范，包括着装、眼神、表情、站姿、手势、声音等。

1. 着装

我有一段有意思的经历。开始进入职业培训这个行业的时候，培训机构教导我们这些职业讲师要体现高度的职业化特征，比如男士一定要穿西装、打领带，最好是"三件套"。这种要求完全符合人们的常识，我当然言听计从，一路走来，感觉也还不错。

慢慢地，我开始坚定地认为：这种着装方式就是应该的、最佳的着装方式。因此，在各种不同的场景下，我都会坚持按照这种方式着装，尤其是比较有挑战的场景，比如炎热的夏天，在培训教室空调不凉或应学员要求空调温度调高的时候。越是这种时候，似乎越是检验自己践行职业化着装意志力的时候。每次我都大汗淋漓而乐此不疲，直到有一次，一位诚挚的学员改变了我的认知。

那次，我记得是在广东肇庆给某通信公司的新员工培训。三十七八摄氏度的高温，室内空调制冷乏力，而我则是西装领带、挥汗如雨。课间休息时，一位学员跑上台把纸巾递给我，关心并疑惑地问我："老师，您会不会中暑呀？"我一时不知道该如何作答，很尴尬。事后，我开始反思我的这种所谓"高度职业化"的行为。扪心自问，这是真正的职业化吗？职业化的标准是什么呢？难道就是指外在着装这件事吗？好像应该不是。

我后来开始观察我周围的一些资深的讲师，他们的着装虽然也有西装革履的时候，但是也有比较随意的时候，并不是一成不变的。然而，从来没有学员因为他们没穿西装而投诉他们不够职业化，相反，至少从我的感觉来看，他们似乎更职业化。那么，作为一名培训师，到底应该怎样着装呢？

在分享我的讲师着装经验之前，先简单分享一下我对职业化的理解。一言以蔽之，职业化应该是做什么像什么，做什么都恰到好处。

各种职业之所以能称其为职业，说明其已经稳定存在一个时期了，其从业者已经构建起了一套标准的行为规范。因此，职业化首先要求做什么像什么，即掌握那份职业所具有的标准化的一套行为规范。这套行为规范的具体内容显然因职业不同而不同，但是其背后有没有共同的某种特性呢？有的，就是每个行为都刚刚好、恰到好处，即在合适的时间、合适的地点、用合适的方式、说合适的话、做合适的事，不被情绪左右，理性、专业、从容。这就是我所理解的职业化。

回到培训师着装这个具体问题上，我所总结的方法论是：讲师的着装比学员的正式一点，即老师的着装要参考学员的着装，尽量靠近学员的着装标准但同时要比学员正式一些、保守一些。为什么呢？

回到我那次"中暑"的经历上，我在后来的反思中有一个发现：炎热的夏天，培训教室空调不足，学员们各个轻装上阵，凉爽舒适；而老师重装出场，几乎"武装到了牙齿"，一方面严重不适合当时的天气，与自然环境不和谐；另一方面老师与学员的着装效果反差过大，明显不和谐，在整个班级里面显得非常另类，引发了学员的各种好奇、担心甚至焦虑，分散了学员的注意力，使培训的效率降低。反之，如果我也轻装上场，学员看到我很舒服，就可以把精力集中到培训上，同时，我也很舒服不用频繁擦汗，可以把更多精力集中到培训上。由此培训效果必然得到提升。

从这次教训中，我开始反思职业化的本质究竟是什么：它绝不是僵化的着装标准，而是**因时因地制宜的合适的状态**。由此，我开始尝试调整我的着装，最终总结了**一条心法，即比学员的着装正式一点**。这条心法应用多年，屡试不爽。

2. 眼神

眼神即眼睛的神态、目光。培训师应该怎样注视学员呢？有的理论说，老师要看向教室的正前方，或者是从学员的额头上方看过去等，总之就是不能看学员的眼睛、不能与学员对眼神。这种说法的依据，我猜想是担心老师与学员目光接触，导致走神而忘词。这种担心有一定的道理。但是这种做法的弊端还是很明显的，学员无法感受到自己在老师面前的存在，因为老师只看向空气不看向学员。因而，学员很难建立起与老师的真正的交流。真正的交流都是"走心"的，而眼睛是心灵的窗户。老师放弃了用眼睛与学员交流这种最高效、最直接的手段，实在太可惜了。

第六章 ｜ 内训课程交付的八大步骤

在"课程交付"的培训现场，我一般会先示范如何注视学员，然后再请学员总结出我所示范的动作要领。我的做法是将目光停留在一位学员的眼睛上一会儿，然后移到下一位学员的眼睛上，以此类推，直至用目光扫过全班每位学员。这个时候，我会问学员们一个问题，"我的目光在学员的眼睛上停留了多少时间？"有人开始猜两秒、三秒、五秒，然后大家又都觉得肯定不对，于是欢笑不断。正确的答案是：老师的目光在学员眼睛上停留到老师可以确认其收到老师的目光为止。

学员是否收到老师的目光，老师是知道的，即两个人是否对上了眼神，彼此是心知肚明的。接下来的课程，我引导学员演练这项技能，分为两个阶段：单纯眼神训练、讲课加眼神训练。

第一个阶段，可以从易到难设计几个练习的步骤。

① 把眼神"抛"到每位学员的眼睛上，这个过程不限时间。

② 执行上述动作，但是需要在 30 秒钟的时间内完成。

③ 执行上述动作，并且需要选取一位学员进行两次目光接触。

难度还可以不断增加，每个步骤学员演练完毕后，都需要当场验证并反馈。我的经验是，大多数学员其实不大适应与他人目光接触，因为平时类似的场景接触得少，所以现场总是能带给学员很多新鲜的体验。学员们真正开始习得这项技能。

第二阶段的演练，可以让学员准备一段讲课内容，大概一分钟左右的时长即可，邀请学员练习"一心二用"，可以通过以下步骤练习。

① 对着一位学员，讲授这一分钟的教学内容并保持目光接触。

② 对着一组学员，讲授这一分钟的教学内容并保持目光接触，即让目光在全组每位学员的眼睛上持续地移动。

③ 对着全班学员，讲授这一分钟的教学内容并保持目光接触，即

让目光在全班每位学员的眼睛上持续地移动。

练习的难度可以不断增加，方式也可以灵活变换。这种"一心二用"的功夫是可以通过反复练习而真正习得的。掌握这种技能需要付出一些时间来练习，虽然要支付一定的成本，但是非常值得，因为收益是很多的。

① 这种能力可以让培训更高效地进行，因为老师可以让学员更高效地吸收老师所传递的信息。

② 老师可以更快速地与学员建立信任关系，并巩固信任关系。

③ 互动效率更高。

通常的班级有30人左右，一堂课下来，老师不大可能与每位学员都进行语言互动，但是却可以用眼睛"照顾"到每位学员，完成与每位学员身体语言的互动。

这个练习接近尾声的时候，有的学员可能会问，眼神对上了，老师应该"抛"出去什么样的眼神呢？这是一个更进一步的问题，涉及老师的情绪管理话题了。

眼神所传递的信息中有相当一部分是传递情绪的。老师的眼神应该传递什么情绪这个问题可以转化为，老师通常应该具有什么样的情绪状态。

回答这个问题，可以向万世师表的孔子学习。《论语·学而》中记载了这样一个故事。子禽问于子贡曰："夫子至于是邦也，必闻其政，求之与，抑与之与？"子贡曰："夫子**温、良、恭、俭、让**以得之。夫子之求之也，其诸异乎人之求之与？"

翻译大意是，子禽问子贡道："夫子每到一国，必定得闻该国的政事，这是有心求到的呢？还是人家自愿给他的呢？"子贡说："夫子是用温和、良善、恭敬、节制、谦让得到的。这是夫子得闻政事的办法，大概和别人得闻政事的办法不同吧！"

我认为做老师还需要一种状态，那就是自信。一个没有自信的人，是没办法做老师的。

综上，我总结了培训师状态的三个关键词：**自信、温良、谦恭**。那么，怎样才能呈现出这种状态？**最根本的方法是成为稳定地具有这种状态的人**。这涉及培训师的自我修炼之道，后文专题讨论。这里先引用周恩来总理的话来简要作答，"活到老，学到老，改造到老。"

3. 表情

表情是指在课程现场培训师面部所应该呈现出来的思想感情、情绪状态。眼神其实是表情的一部分，而且是重要的一部分。因此，关于培训师的表情问题，其实已经回答了一大部分了。这里再做一点补充。

关于培训师的表情管理问题，一直有一个争论，即培训师到底应该严肃一点还是应该活泼一点？

支持"严肃一点"的理由如下。

① 老师要有威仪，要保持在学员心目中的专业形象。

② 老师要维持班级纪律，所以要和学员保持距离。

支持"活泼一点"的理由如下。

① 老师需要和学员拉近关系，才能更好地影响学员。

② 老师只有活泼一点，才能更好地调动课堂气氛。

以上两方面的理由都有一定的道理，我的看法是，此处可以借鉴毛主席给"抗大"题写的八个字的校训：**团结、紧张、严肃、活泼**。老师的表情要既严肃又活泼，即该严肃的时候严肃、该活泼的时候活泼。严肃，以体现老师的专业性、严谨性；活泼，以体现老师的亲和力、创造力。

建议严肃的场景，包括阐发某个艰深的、抽象的道理的时候；对于某个教学模块进行归纳、总结的时候等。建议活泼的场景，包括分享某个事例以引起学员兴趣的时候；激发学员互动、调动学员参与的时候等。

总之，老师需要将两种风格不断切换，让现场的气氛有张有弛，收放自如。比如活泼地分享案例、引发互动；然后严肃地归纳总结、启发思考；两个过程相互激发、相互推动，二者不是对立的关系，而是一弛一张、辩证统一的关系。

对于培训师的表情管理问题，我的结论是：张弛有度。在这个结论基础之上，老师还是要以相对活泼的基本状态接触学员，尤其是在开场环节。因为开场的时候，学员的基本状态是紧张，对老师缺乏信任感，因此，这个时候老师要放松心情、保持开放状态，微笑地面对学员。老师所展现的大方的笑容，可以一定程度上消除学员的不安、紧张，让学员放松。真诚的笑容抵得过千言万语，可以瞬间温暖孤独的心灵。当然，我也反对另外一种情况——极度热情。有些"成功学"流派的老师，一开场就和学员打得火热，往往让学员面临尴尬、不知所以。

中国优秀传统文化比较强调内敛、谦和，比较反对外露、张扬。如果认为多数学员秉承了中国优秀传统文化的基因、血脉，老师无论自身性格如何都不宜过度热情。这是中庸智慧在培训师表情管理环节的体现——合适最重要。有关培训礼仪的所有方法都是依托于中国优秀传统文化，因为，礼仪是文化的承载且我本人坚定支持中国优秀传统文化的继承和弘扬。

4. 站姿

站姿是指培训师在授课过程中站立的姿势。这个部分比较简单，我的经验主要是两条：挺拔、稳定感。

挺拔顾名思义是指人在站立时要挺胸，让后背尽量挺直不要弯曲成罗锅状。这个时候，人所呈现出来的精神状态非常阳光、积极。老师这样的状态可以带给学员正面感受，激发学员的学习热情。

稳定感是指老师在站立的时候，要保持重心居中，保持稳定的状态，带给学员稳定的感觉。有的人站立时有不好的习惯，会晃来晃去。晃动的状态无法带给人稳定的感觉，会让人不安、焦虑。稳定的感觉可以让人获得掌控感、安全感。有人可能会问，老师走动的时候怎么办？

这个问题的意思是老师走动的时候会失去稳定感、无法带给学员安全感。隐含的意思是老师要不要走动、什么时候走动以及怎样走动。

老师要不要走动？如果是讲座类型的课程以及填鸭式、单向灌输式的课程，老师通常不大需要走动。如果是研讨类型的课程以及双向互动式的课程，老师通常需要一定的走动。

老师什么时候走动？回答这个问题，先要回答老师走动的目的是什么？走动的目的，主要是检验各组学习情况；牵引和转移全班同学的注意力。老师走到哪里，通常会把全班同学的注意力带到哪里。

老师正常走动就可以。一般情况下，建议注意以下几点。

① 步伐坚定，不纠结、不犹豫。
② 步幅适中，不大不小。
③ 速度适中，不快不慢。
④ 走动到预定地点之后，迅速恢复站立姿势。

回到稳定感的话题，老师的走动确实不会带给学员稳定感，但是老师在教室内走动的时间是非常短暂的，站立的时间是主要的，因此，完全不必担心这个问题。

5. 手势

手势是指培训师授课时使用的手臂姿势。这个方面我的经验是，自然使用就可以，并不刻意地去思考如何使用手势，而是让双手或单手随着所讲内容而做出相应的、自然的动作。

6. 声音

声音是指培训师授课时的发声。声音问题对于以讲课为职业的人而言是一个重要问题，如果解决不好，会损害身体健康以及培训效果。老师讲课时候的发声原理主要有两种：嗓子发声和腹式发声。

没有经过专业训练的人们通常只会嗓子发声。这种方式就是利用声带的振动发声，声波传播范围较近，对于一般性的交谈没有问题，但是对于长时间授课而言就难以满足发声的需要了，这个时候就需要腹式发声方式了。我有幸在中学时遇到一位非常好的音乐老师，学到了一些腹式发声的技巧。简单分享一下我所理解的腹式发声，其与嗓子发声最根本的区别在于：吸气的深度不同以及为发出声音而发力的部位不同。

腹式发声时，吸气更深直到腹部、下腹部，而不像嗓子发声时吸气到胸部即可；同理，腹式发声时，发力部位更深、更多，由腹腔、胸腔等共鸣发声，而不是单靠声带的振动发声，因此发出的声音可以更大、更具有穿透力，可以传播得更远而且可以有效保护嗓子。

嗓子发声，用力少，简单易操作，用于日常的交流；腹式发声，用力多，需要刻意训练和使用，用于某些特定的场景，二者是相互补充的关系。

小结

关于培训礼仪方面的一些重点内容。

1. 着装，比学员的着装正式一些。
2. 眼神，是照顾每位学员的捷径。
3. 表情，传递自信、温良、谦恭的情绪。
4. 站姿，挺拔、稳定。
5. 手势，需自然。
6. 声音，学会腹式发音。

第 3 节

好的开始，是成功的一半

我将介绍在课程开场环节老师要注意的几件事情，具体包括上场前的自我调适、开场前的互动建议、开场原则、打响第一枪。

1. 上场前的自我调适

在这方面我分享以下五点建议。

（1）适应环境。

适应环境是指老师在开课前，提前来到教室熟悉舞台、音响、灯光、投影、桌椅等。

如果是上午 9 点开课，我的习惯是：在 8 点半以前，我会来到教室。老师为什么经常要提前赶到现场，来主动适应环境呢？主要的理由是建立主场感。

球迷朋友们都知道，主场的球队气势更胜，赢球的可能性更高（已经有研究发现了这个规律）。回到培训场景，培训教室对于老师和学员来讲，通常同样都是陌生的。这个时候如果老师能更早地来到现场，更早地熟悉现场的各种布置，就有机会向后来的学员主动打招呼，就像主人迎接到访的客人一样，还可以为后来的学员提供某种支持，比如告诉学员在哪里签到。老师主动地招呼学员以及这些许的支持，一方面可以拉进二者的关系，初步积累双方的信任；另一方面可以为老师带来主场感，提升老师的自信水平。

（2）运动减压。

上场之前，老师通常都会有一些紧张的情绪，即压力水平偏高。在这种情况下，老师需要设法降低压力，常用的方法有以下四种。

1）伸展躯体。

活动躯体、运动身体都可以迅速缓解紧张情绪。

2）呼吸放松。

深深地吸入一口气，停顿几秒钟，然后再慢慢地吐出这口气。循环往复，可以迅速缓解紧张情绪。

3）局部发力。

局部发力，通常是指用手攥住一个东西，然后用力攥紧这个东西的过程可以缓解紧张情绪。

4）目光接触。

目光接触，是指老师有意识地在开课前，用目光打量某一位或某几位同学，发起简单的闲聊或就是单纯地交流一下眼神，都可以缓解老师的紧张情绪。

有一个试验，将出租车司机分为三组，第一组给其分配了较高的业绩指标；第二组给其分配了适中的业绩指标；第三组给其分配了极低的业绩指标，然后通过一段时间，统计各组的事故率。结果表明，第一组和第三组的事故率都比较高，只有第二组的事故率处于较低水平。从这个试验中得到一个推论：人的压力过大或过小都不利于表现最佳状态，而只有当人的压力适中的时候，其行为表现最佳。因此，紧张并不完全是坏事，太紧张和完全不紧张都不是理想的状态，而适度紧张最理想，可以激发出人的最佳表现。

鲶鱼效应说的也是类似的道理。出海捕鱼的渔民经常会遇到一个难题，捕到的小鱼等渔船回到岸边的时候大部分都死掉了。一个意外的发现解决了这个难题。有一次一只凶猛的鲶鱼被放入了盛鱼的容器中，回到岸边时，大部分的小鱼竟然还活着，因为生存的压力让鱼保持了一定的紧张状态，而适度的紧张状态让鱼活了下来。

老师在培训现场保持一定的紧张状态、维持一定的压力水平，对于表现出最佳状态是有帮助的。

（3）心理建设。

老师在上场之前，要主动做好自己的心理建设，尤其是第一次上场的老师，具体包括以下几点。

1）接纳最坏结果。

老师可以根据这次课程的实际情况，包括课件质量、课程准备情况、学员情况、现场情况等综合因素，估计一下这次授课有可能出现的最坏结果，比如学员满意度一般、个别学员不满意、课程某些内容不大适合学员情况。对于所估计到的情况，老师评估一下，如果这种情况发生，自己能否接受。如果老师接受不了有可能出现的最坏结果，重新考虑是否承接这场培训；如果老师能接受，那么就可以放下包袱，轻装上阵了。

2）臆想最佳结果。

与上述的思考方向相反，老师根据这次培训的课前准备等综合情况，设想培训结束后可能出现的最好结果，比如全体学员都很满意、学员主动分享培训收获、课后评估分数很高。设想最佳结果，有利于老师鼓足干劲、提高信心，有利于老师以更饱满的状态交付本次课程。

3）自我肯定。

老师这份职业需要强大的自信，而自信首先要学会自我激励、自我肯定，以帮助自己建立信心。怎样自我肯定呢？可以回想自己曾经的成功经历，尤其是在相同的或类似的场景下的成功经历。越是艰难的时刻、越是有挑战的场景，人们越需要信心。这个时候信心也许比金子还重要。

老师的每一次授课其实都是一次挑战，因为那是一个人与一群人之间的、一场无法重来的、真实的互动。互动的结果也许是帮助一群人实现了某种生命的蜕变，也许是浪费了一群人生命的一段宝贵时光。这种互动具有高度的不确定性，因此是一种真实的挑战。

自我肯定是一种宝贵的能力，不是盲目自大、自以为是，也不是过分地谦卑、谨慎，而是认真地挖掘自己的特长、自己的成功之处，从而理性地增强自己的自信。

4）获得鼓励。

如有可能，老师在上场前，尤其是第一次上场前，可以和教练或资深同行等进行必要的沟通，以获得外部的支持。这个时候，老师往往可以获得外部的善意鼓励。这种鼓励有助于提升老师的信心，尤其是在第一次上课前的关键时刻，这种外界的鼓励对于提升老师自信、稳定老师情绪等都有帮助。

（4）转动大脑。

有的老师一上场，大脑一片空白。我的经验是，除了紧张之外，还是准备得不够。我建议老师开场前可以快速、整体回顾课程的主题和框架，再次熟悉要讲的内容，让大脑转动起来，尽量避免一上台出现大脑一片空白的情况。另外，可以准备卡片，记录课程大纲、逻辑结构、关键要点等随身备用，万一遇到大脑空白的情况，可随时拿出来查阅。

（5）调试身心。

老师设法使自己的身体和情绪进入较舒适的适度紧张状态，唤起身体各部位储存的能量，跃跃欲试，随时准备上场。

2. 开场前的互动建议

开场前的最后几分钟时间，建议老师可以和学员做一些互动，比如主动搭讪。

正式上课之前，总有一些时间是空闲的，因为这个时候老师已经调试完了电脑，做好了一切课前准备工作，绝大部分学员也已经进入了教室，大家都在等待课程的正式开始。很多老师这个时候会选择坐在讲台后面静静地等待。我的建议是，如果还有五六分钟的时间，老师可以走到教室中，和学员做一些交流，尤其可以和前排的几位学员聊聊天。这种聊天可以缓解老师和这些学员之间的紧张与压力。同时，由于这种聊天发生在公共空间中，如果聊天本身是轻松的，则这种聊天可以改善整个公共空间的气氛，即让听到这段聊天的学员们一起放松下来。因此，这种聊天不需要刻意地低声进行，正常聊天即可。有人可能会问，搭讪会不会让人感觉唐突？聊什么话题？怎样聊呢？

关于唐突的问题，主要靠找寻合适的搭讪对象来解决。比如不要和正忙于手头事情的学员搭讪，不要和面色沉重的学员搭讪，相反，可以寻找正好空闲甚至有点无聊的、面色轻松喜悦的学员聊天。至于话题，只要老师真心地喜欢学员、关心学员并且保持好奇心，总可以找到一些轻松的话题开启聊天。比如"你是做哪块业务的？今年生意怎么样？某某国家大选，对你们的业务有影响吗？"至于怎样聊天，这是一个很大的课题，简单地说，就是多问、多听、少长篇大论。

老师培训的目的是要最终影响到一个班的学员。这个目的不是一下子完成的，总是要先影响几个学员，再影响几个学员，逐步扩大到全体学员的。开场前的聊天就是在启动这个影响力工程。

3. 开场原则

（1）快速预热。

开场的时候，通常教室会安静下来，学员们开始等待老师上场以开始课程。这个时候，班级的气氛是安静的、冷的。所谓快速预热，是指老师上场后不宜长篇大论，让冷的气氛保持过长时间，而应该较快地调动起学员的参与热情，让学员从静的状态转为动的状态，让气氛从冷到热。

开场的时候，学员们通常对老师都有一定的期待，可能是想收获一些知识，或者是想收获一些快乐等。这种期待是有一定的时间要求的，如果老师没有在学员预期的时间内给到学员相应的满足，学员就会失望。学员失望了就会选择身体离开或精神离开，班级的凝聚力就会下降，培训效果将难以保证。

因此，老师需要在开场后的较短时间内，让学员获得一定的满足，让学员的身体和大脑先热起来。这个动作不能太慢，要在学员的忍受范围之内。当代社会总体而言是一个效率导向的社会，而且这种趋势在持续加剧中，表现为人们对单位时间的价值产出的敏感度越来越高，越来越容易对事情失去耐心。迅速预热，这是开场的第一条原则。

（2）逐步预热。

开场预热要迅速，不能拖泥带水，但是也不能"三步并两步"地进行，而是需要逐步预热。所谓逐步预热，就是循序渐进地进行预热，不能一下子把温度提得太高。这种做法不符合人类接受事物的特点，尤其是中国人。中华民族谦恭、内敛的文化决定了中国人多数都是慢热型的，不像西方人非常直率，可以迅速热起来。因此，老师在开场预热的时候，不能太快，否则会给学员造成唐突的感觉而让班级气氛陷入尴尬。有"成功学"背景的老师，开场的时候，往往热度过高，经常让学员们接受不了。而"学院派"的老师，往往又预热太慢而让培训气氛陷入沉闷。到底该怎样做呢？

老师需要综合应用上述两条原则，即老师需要结合学员的特点，迅速启动预热进程，同时，控制好预热的节奏，不能太慢，也不能太快，根据学员的反应动态调整，直至效果和效率达到最佳的平衡状态。以下几条建议，可供参考。

①设法让学员尽快绽放笑容。笑传递的是善意，具有极强的感染力，可以迅速改善气氛。因此，笑容对于开场预热非常重要。

老师要率先露出真诚的笑容，主动和学员打招呼、问候、沟通。同时，如果有机会，老师可以适度地和学员开开玩笑或分享一个有趣、好玩的事情等。老师还可以适度地自嘲，发挥聪明才智，展现幽默才能。总之，老师要尝试一些手段让自己和学员多多绽放笑容。

②设法让学员尽快开始讲话。讲话同微笑一样是一种动作。人只要开始实施动作，机体就处于被激活的状态了。学员们一旦开始张口讲话，其紧张度自然就会迅速降低。老师可以设置简单的话题，让学员可以轻松开口讲话，比如可以请小组内部的学员互相介绍一下自己。

③设法让学员活动身体。同样道理，如果能让学员活动身体，也有利于学员放松心情、活跃班级气氛，比如老师带领或引导学员做一些身体运动。

4. 打响第一枪

有了以上的准备，老师通常可以更自信、更自如地走上讲台，大概率可以挣得一个好的开始。当老师走上讲台，按照之前精心准备的内容开始交付课程的时候，如何才能打响第一枪，即带好第一个学习活动呢？建议关注以下几点。

① 放松、微笑，保持适度紧张状态，确保头脑清醒。

② 针对每个学习要点提前制作好写有关键词的卡片，放在手边。

③ 遇到卡顿，可以翻看相应的卡片。

④ 自信、坚决地发起互动。

⑤ 铺垫充分，带好第一个学习活动。

⑥ 本着实事求是的原则，灵活调整课程。

小 结

好的开场是课程成功的一半。

开场前需要做好一系列调试准备工作。

开场原则是：迅速预热、逐步预热。

充分利用开场前的几分钟时间。

打响第一枪。

第 4 节
制定好策略，让课程展开更稳健

开场之后，课程就正式展开了。怎样展开呢？有什么策略吗？老师展开一门课程有两种典型策略。

第一种，我称之为"知识导向型"，是指老师以知识脉络为依据，从浅到深，逐步地、严谨地展开课程。第二种，我称之为"问题导向型"，是指老师以现实问题为出发点，引导学员共同定义问题、分析问题、解决问题，由此展开课程。前者是以老师为中心，以交付完整的知识体系为目的；后者是以学员为中心，以让学员获得所需知识与能力为目的。

第一种策略比较适合学生群体，因为学生仿佛是一张白纸，可以任由老师涂写。第二种策略比较适合成人群体，因为成人已经具有相当的经验并且非常务实，喜欢有目的的学习。企业培训显然是针对成人群体，第二种策略总体上比较适合，在局部可以结合第一种策略，即在局部可以根据知识体系本身的结构来展开教学。

培训师有了整体策略之后，还要考虑具体的一些课程推进策略，包括以下几点。

（1）模块化。

模块化是指老师在课程开发的时候，将课程内容打包为一个一个的模块；在课程交付的时候，一个一个模块地交付。模块化的好处是老师可以将所要传递的大量信息高效地组织起来，让信息传递的效率大大提升。

（2）每个模块的交付策略。

老师在交付每一个模块的时候，都可以借鉴一种策略，就是每个人从小学就一直在学习的一种组织内容的方法——"总分总"法。

（3）实时评估学员培训进度并及时调整培训活动。

老师在课程推进的过程中，需要实时评估学员的学习进度，包括恰好能跟上培训进度、超过培训进度、落后培训进度，老师可以据此动态调整培训活动。

如果学员反应超过培训进度（表现为无事可做等），可以适当增加内容或难度，以争取学员收益最大化；如果学员反应落后培训进度（表现为没有按时完成学习任务等），需要适当降低难度或减少一些非关键的知识点，以帮助学员追上培训进度。

（4）适度调整时间。

如果在某个学习要点上，学员们表现得格外兴奋，说明此处对于学员的价值非常大，老师可以考虑在此处适当延长教学时间以增大课程对于学员的价值和提升学员体验。老师在这些学习要点上多花费的时间，需要在另外一些学员兴趣不大的学习要点上，通过节约时间而弥补过来。

（5）始终不忘激发学员兴趣。

兴趣是学习的向导。整个培训过程，老师要自始至终地激发学员兴趣，保持学员的学习热情。如何激发学员的学习兴趣呢？询问是最简单、有效的激发学员兴趣的手段。

（6）整体节奏控制。

对于年轻老师而言，我的建议是前松后紧，即前半部分的课程内容时间控制得稍微宽松一些，后半部分的课程内容时间控制得紧凑一些。这样做的好处是，可以避免老师没到下课时间就无话可讲的尴尬，让课程显得很充实。风险是有可能造成拖堂而损害学员的上课体验。

对于资深老师而言，我的建议是前紧后松，即前半部分的课程内容时间控制得紧凑一些，后半部分的课程内容时间控制得宽松一些。这样做的好处是，老师可以留出更多的时间来总结课程、答疑互动、收集反馈、自由发挥等。风险是课程结尾处多出来的时间能否被高价值的利用。

小结

课程展开方面分为宏观上和微观上的策略。宏观上的有知识导向型和问题导向型两种典型策略。微观上的策略包括模块化以及模块的交付策略、实时评估学员培训进度并及时调整培训活动、适度调整时间、始终不忘激发学员兴趣、整体节奏控制。

老师对于不同的内容、不同的班级，需要灵活选择合适的课程展开策略，以确保课程的稳健推进。

第5节
不同类型内容的典型教学方法

WHAT 类内容是指学员需要掌握的概念性知识、程序性知识，比如安全规范条例、客户分级标准、发动机工作原理、企业核心价值观、报销流程主题内容。

WHY 类内容是 WHAT 类内容的衍生物，说明 WHAT 之所以是 WHAT 的理由，比如安全生产的重要性、客户服务意识、诚信经营主题内容。当一门培训课程开始的时候，培训师总是要先概述一下培训课题是什么（WHAT）以及为什么（WHY）要做这次培训。学员们也总是要先了解，这门课程是什么（WHAT）以及为什么（WHY）要学这门课程。人是具有意义感的动物，人的行为要靠意义感来驱动。WHY 类型课程内容的重要作用之一就是为人的行为提供意义感，以驱动人们做出行为改变。

HOW 类内容是指有关学员的行为技能方面的知识，比如点钞技巧、驾驶技巧、客户说服技巧主题内容。

WHAT 类内容解决了"是什么"的问题，为学员提供必要的概念性知识、程序性知识以及行动的目标等。WHY 类内容解决了"是什么"背后的"为什么"的问题，帮助学员了解概念性知识和程序性知识背后的原理、领悟，这部分内容还可以为学员提供意义感，提供行动的动力。HOW 类内容解决"怎样做"的问题，为学员提供行动的方法，这部分内容涉及大量隐性知识，通常是在学员全面掌握了相应概念性知识、程序性知识之后，在老师的示范、引导、反馈下，由学员在持续练习中逐步习得。

WHAT 类内容对于学员的影响主要涉及理解和记忆，通常不会立即表现出大量的外显行为。WHY 类内容对于学员的影响主要涉及认同，可以表现为"立即行动"等大量外显行为，也可以只是内心认同但并不表现出任何具体行动。HOW 类内容对于学员的影响主要涉及行为的产生，即帮助学员产生新的行为，因此，这种影响会表现为大量的外显行为。

介绍完三类教学内容，下面依次具体说明其典型的教学方法。

1. WHAT 类

企业内训中，常见的 WHAT 类题目包括新员工入职流程、绩效考核办法、发动机工作原理等。这类课题在传统的企业培训中，大概占有 80% 的比重。

企业的内训师们对于这类课题的培训似乎"驾轻就熟"，经常是"100 多页的 PPT，两个小时讲完"。其结果是老师很辛苦，学员也很辛苦。如果遇到学习意愿度不足够高的学员群体，则可能会成为"灾难"——学员们士气低落，各自忙着各自的事情，老师仿佛穿着新衣的皇帝，一个人在讲台上侃侃而谈。WHAT 类的培训内容，应该怎么交付呢？

应用前文中课程交付原则三——能让学员做的事情都让学员做，对传统的填鸭式教学方法给予彻底颠覆，具体做法建议如下。

① 老师收集好该课题最少的、**必要的**知识，整理为 PPT 形式或其他可供学习的形式（文章、视频等）。

② 在每份学习资料后面，老师结合学习要点提出几个有针对性的问题。

③ 课前一周，将上述学习资料及问题下发学员，请学员带着问题学习相关资料并尝试回答那些问题。

④ 课程现场可以结合所下发的资料，展开培训，即可以直接从每份资料的问题入手，邀请学员分享对问题的思考和答案，老师做补充和总结，即**老师只做学员做不了的事情**。为什么"只做"的问题，上一章的内容已经回答过了。这里要讨论的问题是："老师能做到吗？"

我在课上经常会问学员们一个问题："对于一个培训课题，在知识层面上，在有百度、ChatGPT 等高科技工具存在的前提下，老师和学员的真正差别在哪里呢？"

差别体现在两个方面：知识的系统性和单个知识点上举一反三的能力。

选择参加一门课程的学员对相关课程领域的知识总有一些知识储备，如果学员愿意，确实可以从百度、ChatGPT 等信息渠道获得更多的知识。这些知识通常是以碎片化的形式存在或经过一定处理后的整体性的存在，但是一定不是系统性的存在。老师由于长期的经验积累和对于课程充分的准备，通常可以更全面、更系统地掌握相关知识体系。

另外，对于具体的知识点，学员靠自学通常只能做到"就事论事"的程度，而老师基于长期经验累积，完全可以做到灵活应变、举一反三。

老师与学员之间的这两方面差别就是老师的价值所在。因此，学员做不了的事，老师能做到。下面举例说明。

当培训一个知识点的时候，老师不是直接开始讲解，而是先邀请了解这个知识点的学员们向全班同学依次做分享。当没有同学再分享时，老师进行总结，可以对之前所提某个方面进行深入讲解，也可以补充新的内容，以期把这个知识点全面、深入地交付给全班同学。

总之，老师和学员之间是有分工的，学员会讲的都让学员讲，老师只讲学员不会讲的，相当于老师和学员共同完成一门课程的教学。这种做法益处极大，包括以下几个方面。

① 被邀请分享的学员可以受到充分的激励，他们通常会更信任老师、更支持这次培训。

② 其他学员同样可以得到激励，因为他们发现一部分同人都已经会了，自己应该要更加努力了。

③ 老师授课更轻松，不是一个人从头讲到尾，而是有了一群"助教老师"共同参与授课，分担了工作量。

④ 老师的影响力得到了扩大，有助于培训效果的提升，因为老师不再孤军作战，而是引入了"同盟军"，相当于领导了一个讲师团队，这部分讲师可以更直接地影响他们身边的同学，从而让整体培训效果得到提升。

⑤ 老师有机会从参与分享的学员身上获得新的资讯、新的洞见，以优化和提升课程品质。

⑥ 老师通过这种互动式教学手段，可以较快地判断某个知识点在学生中被接受的程度以便于现场及时优化课程交付的深度、广度、节奏。

我践行以上做法20多年，确信这种方法的有效性，完全可以实现多赢的局面：老师轻松、学员感觉不枯燥、老师与学生化对立为统一、培训效果显著提升、教学相长、师生共创高品质培训成果等。

现实中很多老师不大敢走出自己的舒适圈，即放弃传统的灌输式教学方法。究其原因，主要是担心失去对现场的控制力。灌输式教学方法，可以有效地控制培训现场的时间和秩序，代价是损失了学员的参与热情、学习热情以及培训的整体效果。如何使用上述互动式教学方法并同时实现有效控场呢？分享几条经验如下。

（1）充分利用群体学习手段以降低学习难度。

群体学习，即一群人在一起共同学习，具体表现为互相复述所学内容、互相分享学习心得等。前文已经介绍过的"小组讨论"就是能够实现群体学习的一种基本的教学手段。群体学习的好处之一是可以降低学习难度。比如5人的小组共同学习一段课程内容，其中包含了5个学习要点，每个人开始时都只学会了其中一个要点（假设不重复），那么经过一轮的学习心得分享（每人分享自己学会的那个要点），每人通过聆听小组伙伴的分享，完全有机会把另外4个学习要点学会。群体学习可以大大降低个人学习难度。

（2）对学员所分享内容进行有效控制。

当学员所分享内容正是课程本来就要传递的学习要点时，老师要及时、充分地肯定该学员的分享，并板书记录关键词，以备总结时使用。当学员所分享内容不是课程本来要传递的学习要点时，老师需要区分以下两种情况。

1）学员所分享内容具有一定创新性。

老师需要本着开放的心态，肯定其新颖性，留下未来讨论的空间。

2）学员所分享内容是错误的。

老师需要首先肯定学员积极参与互动，同时要委婉地指出其不当之处，然后不过多纠缠，给出参考答案即可。

（3）控制学员分享时间。

对于每位学员的分享，老师要提前给出明确的时间要求，比如

2分钟。在学员分享时，老师要记录时间并适时提醒学员注意所剩时间，如还剩30秒时，可以告知学员用时情况。如果到了规定时间，学员还没有分享完，老师可以根据其分享的质量适当延长其分享时间。如果延长时间后，学员还不能结束分享，老师要果断进行干预，具体做法包括开始插话、开始复述和总结学员的话以拿回话语权并及时切换到下一个环节。如果学员分享的时间少于规定时间，老师可以邀请更多的学员进行分享或自己补充更多内容，再或者对要点进行深挖等以填充时间缺口。

控场能力是互动式培训必备的核心技能之一，需要大量的练习才能习得。学员可能还会问，如果由于各种条件限制，就是需要老师用灌输的方式来交付WHAT类内容，有什么更好的方法吗？前文提到的对着PPT一直讲显然不是好方法。我的建议如下。

1）精选例子。

建议选择有一定冲击力的、尽可能新鲜的事例。

2）自问自答。

问题是激发听众兴趣的最简单的方法，老师可以自问自答。

3）制造悬念。

在缺乏互动的前提下，老师可以不断地制造悬念，以保持听众的兴趣。对于灌输式培训，老师要挑战的是如何把一段平稳的信息输出状态变成一个一个周期性的、有起伏的信息输出状态，即不断地铺陈、制造疑惑，让学员不断地积累情绪张力，然后解开谜团，释放情绪张力，接着再引导学员进入下一个循环，以此类推。这样的话，学员就不容易犯困，不容易走神。这个方面，大家可以向评书表演艺术家单田芳学习。

如何评估WHAT类培训的效果呢？这个方面可以充分借鉴传统做法，即各种形式的考试，包括书面考试、口头考试等。老师在培训现场可以用提问的方式快速了解WHAT类培训的效果，检验学员理解了多少内容、记住了多少内容等。

以上是关于WHAT类内容的教学方法介绍，下面来看WHY类内容的教学方法。

2. WHY类

WHY类的培训课题/题目通常有哪些？企业内训中，常见的WHY类题目包括责任与担当、企业文化、企业价值观、诚信经营、厉行节约、光盘行动、反腐倡廉、忠诚奉献等。这类培训通常怎样做呢？

传统的做法是请来专业院校的老师来讲一番大道理，美其名曰"宣贯"。今天的企业中，95后、00后员工已经成了主力群体，如果还用说教的方式来给这群"数字原住民"培训WHY类课题，效果堪忧。

这类课程经常出现的情况是，无论课堂气氛多么沉闷、无论学员反应多么消极，都不能说老师讲课有问题，尤其当老师来自某知名院校的时候。因为老师所讲的内容永远正确。殊不知一堂课的效果不仅仅取决于老师的课程内容，还取决于老师的授课形式以及学员的配合度等，这些因素缺一不可。这类培训的课后评估结论如果效果不佳，那么学员、老师、组织者都是难以接受的。因此，无论实际效果如何，这类培训通常最后都会被认定为"圆满成功"，最终变成了"一件皇帝的新衣"。

问题出在哪里呢？出在老师没有对WHY类知识建立正确的认知。WHY类知识的存在意义在于解释某种观点、某种立场，以说服沟通对象认同其道理。WHY类培训，归根结底解决的是认同问题，即对某种观点、某种立场认可与否。

所以，WHY类培训要解决的是人的内心深处、思想深处的问题。

同时，人是会隐藏真实想法的，是会撒谎的。如果想要获得学员的真心认同，就不能只靠说教、灌输这一套，尤其对于成年人、对于"互联网原住民"群体。因为成年人有独立的思想，通常反对被灌输；"互联网原住民"更是看重独立、自由等，逆反心理更强，更加反对被灌输。那么WHY类培训，应该怎样做呢？

①开放讨论，鼓励学员参与讨论。老师要坚信：真理越辩越明。因此，老师在课堂上不需要搞"一言堂"，而应该鼓励全体学员充分参与话题讨论。很多老师不敢让学员放开了讨论，实质上是对自己的观点信心不足。所以，WHY类课程有一个特点，就是要求老师对自己的观点要真正认同。

②老师分享事例，然后鼓励学员分享更多事例。

③鼓励学员分享正反两方面观点，鼓励思考的完备性。

④最后汇总结论的时候，只要加上限制条件，通常都可以达成广泛的共识。不同的观点表面看是冲突的、对立的，其实经常是所指的情境不同，因此只要加上具体的情境条件，双方就没有冲突了。

WHY类内容经常涉及人的动机问题。激发人动机的秘诀就是四个字：趋利避害，即获得利益或躲避危害都可以激发人的行为动机。因此，这类培训可以从这两个角度入手来影响学员。

WHY类内容交付成功的标准是什么呢？推荐大家看一下电视剧《亮剑》中每次打仗前李云龙做战前动员的场景。李云龙是天生的WHY类培训的高手，经过他动员的战士们瞬间变成了一群嗷嗷叫的猛虎。回到企业培训场景，学员的认同就是WHY类培训成功的标准。检验的方法很简单，就是邀请学员分享一下感受、看法。从学员的分享中，老师可以判断出学员认同的程度，是不大认同（认同度<60%），还是基本认同（60%≤认同度≤80%），还是非常认同（认同度>80%）。坦率地说，任何一个观点，对于具有独立思考能力的人来讲，想要获得这个人的完全认同都是一个小概率事件。因此，老师需要对这类内容的培训效果建立合理的期望。

最后，分享一个常用技巧：在这类内容的培训临近结束的时候，老师可以用封闭式问题，引导学员做出承诺。比如"'健康来自每一天'这门课程就要结束了。既然了解了每天坚持锻炼的重要性，那么，从今往后大家要不要每天坚持锻炼？"同学们回答"要！"，课程圆满结束。至此，已经介绍了WHAT、WHY两类内容的培训方法，下面介绍HOW类内容的培训方法。

3. HOW 类

HOW类的培训课题/题目通常有哪些？企业内训中，常见的HOW类题目包括如何设计发动机、如何做好大客户营销、如何辅导下属、如何进行跨部门沟通等。

这类培训传统的做法是，老师把总结出来的步骤讲给学员听，充其量多举一些事例来说明那些步骤，仅此而已。这样的课程本质上是WHAT类培训，因为老师其实只是讲解了程序性知识，即一组WHAT类知识，学员并没有发生任何行为。这就好比学员来参加游泳课程培训，老师只是在岸上讲解了游泳的动作，然后就下课了。这种情况下，能说学员学会游泳了吗？显然不能。学员只是听懂了"应该怎样游泳"，距离自己真正掌握游泳本领还相距甚远。因为，一方面学会游泳还需要大量的隐性知识，另一方面程序性知识和隐性知识还没有经由学员大脑转变并固化为学员的行为。应该怎么做呢？建议如下。

① 老师可以先讲解概念性和程序性知识以及亲身示范，并确保学员理解所需知识。

② 鼓励学员持续尝试新行为，老师给予及时反馈。

③老师鼓励学员记住偶然出现的正确行为，反复练习，不断提升正确行为出现的概率，直至其可以稳定发生，最终变成学员的肌肉记忆。

这个过程通常不是一日能够完成的，往往需要数日甚至数月时间。在课程现场只要学员能够做出正确行为，一般就认为达成了培训目标。

这个过程中有几个需要引起注意的地方。

①人类学习的基本方法是模仿，因此老师的示范很关键，需要选取典型场景，示范到位。

②学员尝试新行为免不了犯错，这时需要获得及时反馈，迅速纠正错误，避免学员长时间受挫。

③人产生新行为，本质上是走出舒适圈。这个过程对于绝大多数普通人而言，都需要持续的外界鼓励。

④一种技能往往是由多个单一动作组合而成的，因此学习的过程应该秉承循序渐进、步步为营的原则，即逐步掌握每一个单一动作，然后不断叠加单一动作，最终掌握全部动作、彻底学会一项技能。

HOW类内容通常是企业管理者非常关心的部分，因为要想企业运营的结果发生改变，员工的行为必须发生改变。怎样评估这部分内容的培训效果呢？就是检验学员是否能够做出所培训的行为，比如是否学会了快速点钞、是否学会了炒菜、是否学会了写作公文、是否学会了辅导下属等。检验手段就是现场请学员实际演练，由其他学员和老师共同评估其是否达到了合格的标准。

WHAT、WHY、HOW三类内容的培训方法说完了，那么这三类内容之间是什么关系呢？

WHAT、WHY类内容为HOW类内容提供动力并给到必要的知识，但是并不具体指导如何行动。HOW类内容为WHAT、WHY类内容提供应用场景，解决其落地问题。

WHAT、WHY类内容解决"知"的问题；HOW类内容解决"行"

的问题。HOW 类内容需要学员发生真实可见的行为改变，突破"知"与"行"的鸿沟，最终实现知行合一。

在一门课程之中，WHAT、WHY、HOW 三部分内容不是断然分开的，而是你中有我、我中有你，彼此嵌套、环环相扣的。同时，对于任何一门课程而言，又总有一个基础性的定位，即以三者中的某一种为主，也就是说，任何一门课程中，上述三类内容的占比都不是平均的，而是有所侧重的。

小 结

1. 对于 WHAT、WHY 类内容，传统的灌输式教学方法不是上策，建议尽量使用互动式教学方法，可以大大提升培训效果。

2. 对于 WHAT、WHY 类内容，如果不得不用灌输式方法，则要特别注意设法激发和保持学员的兴趣，特别注意调动学员情绪的力量，并结合理性思维，综合推进学习进程。

3. 对于 HOW 类内容的培训，老师需要用 WHY 类内容帮助学员产生行为改变的动力，用 WHAT 类内容为学员提供概念性和程序性知识，在互动中老师为学员补充更多隐性知识，鼓励学员通过观察、反思领悟更多隐性知识，持续地激励学员不断试错、努力实践新行为，直至完全掌握全部新行为并形成肌肉记忆。

第 6 节

课程应变，要学会"以不变应万变"

俗话说计划赶不上变化，企业培训也是同样的情况。企业培训不是拍电影、录制音视频节目，做错了可以重来；企业培训是"现场直播"，更像是在小剧场演话剧而且是有观众实时参与互动的话剧。因此，"课程交付"部分有一个非常重要而且谈不完的话题，这就是"现场应变"问题。现场的情况千变万化，无法尽数，我大致归结为以下几个方面，与大家分享一些经验。

1. 学员方面

学员的人数可能会发生较大变化。通常一个班级 30 人左右，现场一般会提前布置 6 个小组的桌椅摆放。实际到场学员数量有可能多于计划的人数，当然，更大的可能是实到学员少于预计人数。怎么办呢？

（1）多的情况。

这种情况一般是，多的学员会坐到教室后面或两侧，旁听课程。通常是因为正式课程人数已达上限，而领导又很希望这部分学员也来听一下课程，这时有两种处理方法。

① 照常上课。老师们一般会采用这种方法。这种方法的好处是，不会打乱老师原来的设计、安排，不需要额外增加工作量；坏处是，教室内的气氛不和谐、怪怪的，更重要的是，对于旁听学员而言，由于无法参与互动，课程价值大打折扣。

② 我的做法是，把旁听的学员编组，纳入正式培训范畴。这种做法的坏处是，老师的工作量增加，本来要照顾 5～6 个组，现在可能要照顾 7～8 个组甚至更多，原有的课程设计要做出调整，课程难度提高，因为人越多互动效果和时间越难掌控；好处是，能真正帮到旁听的学员，让他们获得十足的价值，同时为整个班级营造和谐的学习氛围，使每位学员受益。

（2）少的情况。

我的建议是按照实际到场人数缩减小组的数量。比如实际来了一半左右的学员，则可以撤掉 3 套桌椅，将全部到场学员编入靠近讲台的 3 个小组内就座，其目的是聚拢人气。

以上两种处理方法背后的原则是实事求是。

2. 场地方面

通常企业内训的培训场地是按照分组讨论的模式，布置在一个多功能会议室。但是由于某种临时性原因，培训可能会转移到另外一间会议室进行。而这间会议室很可能不具备分组布置的条件，这时怎么办呢？

我的经验是，不需要放弃分组讨论的教学手段，可以安排同一个小组的学员就近坐下，课程正常进行。等到了小组讨论环节，请坐在附近的同一小组的同学临时围拢到一起或站立起来围在一起进行讨论即可。同学们一般不会抱怨学习条件的艰苦，反而会表现出宽容和谅解，培训效果常常不降反升。

这里的关键是，老师自己不要有抱怨。如果老师能欣然地接受这种变化并积极适应变化，学员们看到老师的做法就会迅速安定下来并积极配合培训的开展。有的时候，老师不经意间会流露出对这种变化的不满，这种情绪也会迅速传递给学员。老师是整个班级所有成员中最核心、最重要的表率，没有之一。所以，老师需要永远、无条件地传递正能量。

3. 设备故障

（1）投影仪故障。

老师在备课的时候，需要为这种情况准备预案，即当无法使用投影仪的时候，如何展开课程。比如为原本计划播放的视频准备替代性的文字素材。

（2）电脑故障。

老师在课前需要将课程所用电子文件拷贝到U盘上或上传到网络上，以便可以随时更换备用电脑。

（3）麦克风故障。

老师可以请组织者提前准备"小蜜蜂"（一种便携式音箱）以及为麦克风准备干电池等。

4. 时间变动

培训时间有时也会发生变动。临时需要增加培训时间的情况很少见，但是，临时需要减少培训时间的情况时有发生。比如临时插入领导讲话,临时将课程结束时间前移。这种情况考验的是,老师对于课程结构、内容的熟悉程度以及灵活应变的能力。此时,老师通常面临两种选择:相对均匀地压缩各个模块的授课时长以满足被压缩后的总时长;删掉一个或多个学习要点甚至一个或多个模块以满足被压缩后的总时长。

我的经验是优先考虑第二种策略。这里有一个前提假设,即课程开发的时候,各部分内容已经被高度模块化并具有一定的独立性。这意味着某些不是很重要的学习要点可以被舍弃,而对其他学习要点以及课程总体目标的实现并不构成重大影响。选择这种策略的考虑是,与其每个要点都被培训到但是都不充分,不如舍弃一些要点而确保留下的要点都被培训充分。

小 结

老师经常要面对的突发情况有:学员变动、场地变动、设备故障、时间变动。如何应对?我的建议是"以不变应万变"。这里的"不变"是指处理以上突发情况的原则是不变的。这个原则就是**实事求是**。

老师需要根据实事求是原则大胆改变课程安排,以确保培训目标按照优先级顺序从高到低根据现实条件得到最大限度的实现,以确保新条件下的培训价值最大化。

另外,互动式培训中,有一类场景出现的频率非常高,即如何应对学员的提问。

第 7 节

应对问题，要学会"化敌为友"

1. 基本原则

老师应对学员发问的基本原则是**保持开放，避免自我防卫**。

无论学员问出什么问题，甚至在互动中没有提问题而是抛出否定课程学习要点的观点，老师都要始终保持开放状态，避免进入自我防卫状态，要学会"化敌为友"。为什么要这样做呢？

因为学员只要参与互动，至少说明学员没有走神、没有懈怠，在关注培训、在投入精力、在积极配合老师的教学。老师如果能认同这一点，应该对参与互动的学员抱有认可甚至感激之情。这是一方面原因。

同时，企业培训过程中所讨论的话题多数都属于社会学领域，常常没有标准答案，老师无法断定哪个观点一定正确或一定错误。因此，老师应该保持开放状态、无条件地接纳不同观点。老师这样做可以给学生做出谦逊好学的表率，同时也可以锤炼自己的学问和修为。这是另一方面的原因。做到这一点，其实不容易。

人在被问问题的时候，很容易本能地产生被攻击的感觉，尤其是在公众场合。这时候，人会本能地迅速进入自我防卫状态，表现为语言对抗以及身体对抗。老师也是人，如果不刻意训练自己，很难约束自己的本能。因此，建议老师把每一个发问的学员预设为一位"好学生"，即认真听讲、积极互动的好学生；把每一个问题预设为一次建设性沟通的机会、一次拓展知识与经验的机会、一次优化课程的机会。如果老师提前做好这样的心理建设，在现场遇到各种问题时，就更容易轻松面对。

2. 积极回应学员

如上文所述，老师如果做好了对学员提问现象的心理建设，那么回答学员问题时，就可以表现出积极回应的状态，比如挺起胸膛，身体微微前倾，睁大眼睛，真诚地注视对方，语言方面可以先用下面的这类话语回应学员。

"很高兴你提到这个问题。"

"谢谢你提的问题。"

"这是一个很有意思的问题。"

"我理解你为什么这么问。"

"好问题。"

回答一个学员的问题，表面看是一次"一对一"的沟通，但这种沟通发生在全班同学面前，因此其实质是一次借由该同学发问而培训、照顾全班同学的教学活动。那么，在回答一个人问题的同时，老师如何照顾到全班同学呢？做法如下。

① 开始回答时，保持跟提问者的目光接触。

② 几秒钟后，移开目光，扫视全班同学，表明自己的回答具有普遍意义，以满足全班同学的需要。

3. 倾听

老师应对问题最关键的一点是，第一时间听懂问题。提高倾听能力，具体做法包括以下几个方面。

① 将自身全部的注意力迅速投送到发问学员的身上，包括用耳朵听、用眼睛看、用身心去感知等。这时老师所自然展现出来的身体语言，比如身体前倾、点头、表情变化，都可以激励学员更顺畅、更充分地表达自己的心声。这样老师就可以更快速、更全面地获取学员的信息，力争一次听懂学员的问题。

什么叫"听懂"？例如，先生晚上12点多回家，太太生气地说，"你怎么才回来？"这句话的表层意思是问回来晚的原因，深层意思是"我非常担心你"。这位先生如果只听懂表层意思，就会解释为什么这么晚才回来；如果听懂了深层意思，就会安慰太太，表达同理心。两种回应的效果显然大不相同。听懂是指不仅要听明白对方的表层意思，更要真正听明白对方的深层意思。

② 除非有把握听懂了对方的意思，否则就要复述对方的话，以澄清对方的问题。比如"你的问题是不是……""你是不是在问……"这个动作还有一个好处，可以为老师赢得更多的思考时间。

4. 有效应对不同类型的问题

（1）有把握回答的问题。

一个问题，如果想要完整地、严谨地回答，往往涉及很多方面，需要花费很多时间，而且容易在很多细节上引发新的异议而消耗更多时间。因此，在问答环节，对于老师有把握回答的问题，我的建议是：忽略细枝末节、直奔主题、直达核心，把学员的注意力第一时间就吸引到最重要的方面；回答的要点最多不超过 3 个；回答的时间尽量控制在 1 分钟以内。

（2）没有把握回答的问题。

遇到这种情况，通常因为问题本身比较复杂，老师需要更多的时间思考。老师思考的时间越多，越有把握回答。因此，对策的重点是为老师争取更多时间。

① 侧头、抚摸下巴，似乎在琢磨问题的高明之处，然后评论问题本身，比如"嗯，这个问题不好回答。""这个问题非常敏锐。""我得考虑一下。"

② 挖掘这个问题更多的背景信息，可以说："这个问题很有意思。当时的背景信息，你能不能再多介绍一些？""你这个问题有点复杂。你能不能再举个例子说明一下？"

（3）跑题的问题。

学员的思维是发散的，问答环节中完全有可能问出与培训主题无关的问题，这个时候怎么办呢？一种办法是直接指出学员的问题跑题了，然后转向下一位提问的学员。这种做法简单、直接，好处是效率高，但是坏处不少。一方面，挫伤了提问同学的积极性，严重的情况下还可能遭到该学员的报复性质疑（不承认跑题）；另一方面，其他同学看到这种情景会增加提问的顾虑，由此会破坏畅所欲言的沟通氛围，不利于问答环节的高效开展。处理这类问题的重点是，老师需要在保护个别学员乃至全体学员的提问热情、参与热情和保证培训效率之间求得平衡。推荐的做法如下。

① 感谢学员的提问。

② 澄清学员的问题，在内心确认该问题是否在本次培训主题范围内，如果没跑题直接回答，如果跑题继续步骤③。

③ 把问题记到一个专门的、全班人都能看到的区域（俗称"停车

场"），以示尊重。

④温和而坚定地告知学员真相并给出解决方案，可以这样说："这个问题超出了本次培训的范围。课程结束后，我们可以单独交流。"

（4）啰唆或拐弯抹角的问题。

导致这种情况的原因大概有几种：学员语言习惯不佳、学员没想清楚、学员有顾虑。对于第一种情况，老师可以在其表达的间歇处，礼貌地插话："对不起，我可否把你的问题理解为……吗？"对于第二种情况，老师需要换位思考，努力地帮助学员想清楚所要问的问题，并讲给对方确认，可以这样说："我试着来理解一下你的问题。你是不是想说……"对于第三种情况，老师可以提醒学员再考虑一下是否要问出自己的问题，可以这样说："我尊重每个人的想法。你可以再思考一下你的问题是什么，好吗？如果想好了，随时欢迎你提问。"

（5）多重提问。

学员一次问出多个问题，怎么应对？可以有多种对策，建议如下。

①回答你记住的问题。

②回答最后一个问题。

③回答最重要的问题。

④请提问者慢速重复一遍，把它们写下来，然后一一作答。

⑤推迟回答其中的几个问题，可以这样说，"如果我理解完整的话，你给我提了四个问题。让我先回答前两个，以后有时间再回答后两个。"

（6）不会回答的问题。

老师遇到不会回答的问题实属正常，对策有很多，原则就一条——诚实，具体的应对建议如下。

①把这类问题转给房间中在该领域更有专长的人士，可以这

样说:"这个问题,张工应该最有发言权,请张工分享一下,好不好?"

②向全班同学求助,可以这样说:"这个问题我没有把握回答。大家怎么看?"

③以时间换空间,可以这样说:"我确实不知道。我得去请教一下,然后再告诉你。"

问答环节很有可能成为一次培训中非常出彩的一个部分,因为老师和学员的头脑都被充分打开了,思维可以随意驰骋。

我的做法是,一般不会刻意地区分问题是否在培训课题范围内,而是更关注全班学员的兴趣所在。如果一个问题虽然不是特别聚焦主题但是多数同学都很关心,那么我也会尽己所能回答好这个问题。同学们现场的需要是真实的,比各种课前调研所了解到的需要更真实,只要是对企业有利、对学员成长有利,什么话题都可以谈。通常越是跑题的问题越是能够激发我深入思考:学员的需求到底是什么;究竟什么样的课程才能最大限度地为学员、为企业提供价值。

"问答"在整个培训过程中随时都可以发生。这个方面主要取决于学员的需要。老师可以主动地做一些管理动作,但是总体上说,还是被动的。从某种意义上说,提问构成了学员权利的主要部分,问答环节使老师和学员双方的权利获得一种平衡。因此,建议老师不要回避问答环节,而要主动设计和执行问答环节,以推动这种平衡关系的建立。

小 结

老师应对学员提问的原则是保持开放状态，避免自我防卫。

对这条原则的应用是，展现正确姿势，积极回应学员的提问。

应对提问的关键是——倾听，力争一次听懂学员的问题。

有效应对不同类型的问题，需要识别不同情况并持续积累经验。

第 8 节

师生共创，在高潮中结束课程

依照"峰终理论"，课程结束之时，是一场培训中最重要的时刻。那么，课程结束环节要做哪些事情呢？我的经验是，可以考虑做好以下事情：答疑、课程总结、收获分享、制订行动计划、课程颁奖等。具体做法在"课程开发"部分已经交代，我从培训方法的角度强调以下四点。

1. 管理好"答疑"环节

课程结束前，"答疑"环节一般都是"保留曲目"。很多老师把这个环节的管理责任交给了学员或第三方（主持人等），由此，削弱了现场的受控程度，经常导致培训满意度下降。

老师需要明确一个责任边界，即从老师拿起麦克风上场到交出麦克风下台期间，老师对于现场的整体效果是要承担主要责任的，老师是现场的领导者，是要有效控制全部进程的。除非组织者把答疑环节明确安排到了培训正式结束之后，老师可以不掌控答疑环节，否则的话，答疑环节需要在老师的掌控之下完成。

一个互动性的教学环节，如果想要有序开展，一定离不开规则，哪怕是很简单的规则。

在答疑环节，可以这样说："同学们，现在是四点半，距离五点下课还有半个小时。这段时间，我们以问答的形式进行交流互动。""同学们，在接下来的答疑时间里，为了更高效地收集问题，先请各位组长组织本组同学讨论，收集每个人的问题，然后选出3个最有代表性的问题，请组长向全班分享。讨论时间5分钟。开始！""现在，由每位组长依次分享一下本组的3个问题，后发言的组长不用重复相同的问题，补充前面没有提到的问题即可。每位组长的发言时间控制在一分钟以内。""半小时的时间过得真快，还有最后3分钟，我们再给出最后一个提问机会。哪位同学还有问题，请举手。""时间已经到了，我们的课程要结束了。我看到还有同学在举手，感谢你们的积极参与。下课后，我还有15分钟左右时间可以继续回答大家的问题，欢迎这几位同学过来提问……"

2. 切忌"草草收场"

很多时候由于种种原因，课程组织方往往越是在课程接近结束的时候，越是希望课程早早收场。他们不懂得，越是临近课程结束的时间，对于培训效果的影响越大。他们经常更关心，不要让返程的班车等候更久、返程的路途会不会堵车、返程的学员能否赶上航班等。由于他们的注意力已经切换到了下一个任务上，所以培训这件事情在他们头脑中经常是"已经结束"了。他们的这种状况会影响老师的状态。很多老师有迎合课程组织者的惯性思维，因此经常被其影响，导致培训效果不佳。怎么办呢？

老师要提前和课程组织者协调好时间，尤其是3天及以上的培训课程。比如原计划是第三天下午 17:00 下课，课程组织者可能会要求老师提前半小时下课，老师可以一方面同意其请求，另一方面要求其确保 16:30 之前的教学秩序不受干扰。只要培训没有结束，老师始终对培训效果负有主要责任，因此老师必须"捍卫"教学秩序，确保课程结尾环节可以按计划、从容不迫地完成。如果说"好的开始是成功的一半"，那么"好的结尾，就是成功的另一半"。

3. 不到万不得已不要拖堂

一堂课有其对外公布的结束时间，学员后续的工作、家庭生活安排都以此为依据。因此，拖堂很可能打乱了学员的后续安排，从而严重影响满意度。同时拖堂也是一种失信行为，老师没有按照预定计划完成课程等同于没有兑现承诺。总之，拖堂的后果很严重，老师尽量不要拖堂。如果非要拖堂，怎么办呢？

老师要有预判能力，如果预见到不得不拖堂，需要把这个情况尽早告知学员，然后说明原因并给出解决方案。比如可以这样说："同学们，现在的时间是 4 点 10 分，正常下课时间是 5 点。由于之前的案例讨论环节非常热烈，延长了 30 分钟时间，咱们的课程结束时间预计要顺延了。如果有学员必须要在 5 点离开，请与助教沟通，欠缺的内容，设法进行弥补。我会将课程结束时间控制在五点半之前并尽量追回一些时间。大家觉得可以吗？谢谢大家的支持与配合，我们继续课程。"

4. 师生共创培训高潮

在课程结尾环节，一方面老师要把课程精华提纲挈领地再次呈现给学员并有所升华，以满足学员的期待；另一方面老师要邀请学员分享收获、心得、感想等，以获得学员的反馈。

　　我的做法通常是邀请学员反馈学习心得、行动计划等，同时，我基于学员的反馈随机地、针对性地做出回应，以拓宽课程应用领域，深化课程价值、升华课程主旨。这个环节的目标是：老师与学员充分互动，并引领学员一起努力，共同将课程推向高潮。

小 结

　　"答疑"环节只要处于课程时间之内，老师都不能放弃控制权。老师要掌控这个互动环节且明确规则。

　　坚决避免"草草收场"，老师有责任"捍卫"教学秩序。

　　尽量不拖堂。不得已时提前沟通；与学员真诚协商，对下课时间达成新的共识。

　　课程结尾环节不是老师的独角戏，而是有学生的积极参与、有老师最后的点睛之笔，最终由老师和学生共同创作完成的一幅美丽画卷。

第七章 企业内训师的"外挂"——辅导

SEVEN

"外挂"对于游戏玩家并不陌生，是一种作弊的手段，帮助玩家迅速获得超能力。这里指可以帮助内训师快速成长的手段——辅导。

企业内训师掌握了课程开发、课程交付的方法，是不是就能独自、迅速上手，去开发课程、交付课程呢？通常是不行的。为什么？

因为实战中可能遇到的情况千差万别，不能尽数。自己摸索，人单力孤，往往需要很长的时间。

基于此，培训成熟度高的企业为了让内训师更快上手展开培训工作，在为内训师安排完"课程开发""课程交付"这两门课程之后，会为每位内训师安排"辅导"，通常由外部资深的TTT老师担任辅导教练。

第七章 | 企业内训师的"外挂"——辅导

第1节

内训师需要辅导吗

"辅导"就是辅助和指导。辅导由两方构成：辅导者和被辅导者。辅导者通常称之为"教练、老师"，由某个领域实战经验丰富的人担任。被辅导者，就是想要掌握该领域专业能力的人。内训师需要辅导吗？

实战中，很多企业是没有给内训师安排辅导计划的。主要原因有以下几个。

① 企业决策层对培训的认知度不够，不认为辅导是培养内训师的关键一环。因此，即使HR很专业，如果不能说服决策层，也难以推动辅导项目的落地。

② HR不够专业，不认为辅导很重要。这种情况越来越少见了。

③ 缺乏相应的预算。

④ 企业内部培训常常难以获得真实反馈，即内训师表现难以被准确评估，因此辅导的必要性无法凸显。

企业推动内训师项目，但是又由于各种原因而没有安排对内训师的辅导，那么结果会如何呢？

① 不排除个别天资聪慧的内训师一样可以出色地完成培训任务。

这类个别人的存在有时真的会促成企业错误的决策。因为，决策层可以以此为例而得出以偏概全的结论。事实上这样的人很少，不具代表性。

②试错成本高、时间成本高。内训师在没有辅导的情况下独自开始意味着摸着石头过河，意味着要不断试错、要消耗大量时间。对于企业而言，投资回收期变长、投资回报率变低。

③内训师无法保证"首战必胜"。我十多年来辅导了大量的内训师，他们普遍无法做到独立、成功交付第一次课程，几乎没有例外。

如果没做到"首战必胜"，后果会很严重。内训师的自信心会受到较大的打击，培训的组织者 HR 等部门组织同类培训的信心也会下降，诸如此类的连锁反应会被触发。回到前面的问题：内训师需要辅导吗？当然需要，有以下两个理由。

（1）辅导可以帮助内训师深度消化之前所学知识。

培训是一对多的学习过程。老师关注的是全班的进度，无法关注到每个人的学习进度和效果。每位学员在一场培训后，如果能领悟、记住老师所传授知识的 50%，已经相当不错了，而且随着时间的推移这个比例还会下降。遗忘曲线非常可怕。但是实战的时候，内训师们即使运用 100% 的知识也无法应付各种不确定性、各种新情况，更何况只运用 50% 或更少的知识呢？辅导的过程中，我经常会带着学生一边解决问题，一边顺便回顾相关的知识点，帮助学员灵活掌握和记忆相关知识。

（2）辅导可以帮助内训师高效解决实际问题。

每个课程的开发、每次课程的交付，都需要调动大量的隐性知识，而这些大量的隐性知识在正常的 TTT 培训中是涉及不到的。因为培训现场无法涉及大量个性化的、具体的问题，所以相关的隐性知识无法被引出。这些隐性知识可以称之为经验，经验要靠时间去积累，短时间内无法大量获取。然而，企业内部的课程开发和交付，通常都是有时间节点要求的。在有限的时间内，内训师显然来不及积累足够的经验来解决各种具体问题。

这个时候，请资深老师辅导内训师就成了一条捷径。因为，内训师可以快速地、针对性地获取资深老师的大量经验来迅速地解决问题，提升功力。由此，企业内训课程的开发质量、交付品质都能得到最大程度的保障，课程落地的时间节点也能得到保证。

小 结

企业没有为内训师安排辅导的根本原因是决策层的认知不到位。

没有辅导的后果很严重。

有辅导的益处很多，不仅可以帮助内训师巩固培训课程所学知识，还可以快速解决课程开发和交付中的实际问题、保证课程开发质量、提升培训效果等。

越早引入辅导，对于内训师的成长越有利、对于企业更早收回投资越有利。

第 2 节

2P3F 辅导法，简单又高效

为了帮助内训师迅速上手，我开发了一套针对企业内训师的极简辅导法，即"2P3F"法。它包含 5 个步骤，具体分别如下。

① 初步沟通（Preliminary Communication）。
② 原型测试（Prototype Test）。
③ 针对性辅导（Focus Coach）。
④ 首秀（First Show）。
⑤ 跟进辅导（Follow-up Counseling）。

以上辅导步骤启动的前提是，学员已经参加了"课程开发""课程交付"的培训，并且已经开发出了课件，有一定把握进行"原型测试"。这套方法已经帮助了上百位企业骨干员工迅速地、成功地化身为了合格的企业内训师。

1. 初步沟通

在这个阶段，我一般会大致看一下学员的 PPT 课件。如果没有大问题，我不会说什么，只是鼓励学员在接下来的"原型测试"中大胆

第七章 ｜ 企业内训师的"外挂"——辅导

尝试。如果我发现有较大的问题，比如逻辑结构不合理，我会先用探讨的口吻，提出我的一点不同看法；然后充分授权学员决定是否调整以及如何调整；最后还是鼓励学员大胆尝试。为什么不用更大的力度干预学员？

我曾经也尝试过，但效果不好，会引发一些对抗，很难高效地帮到学员。经过反思，我找到了原因。这个时候，学员的自信心高涨，如果课程还没有经过现实检验，教练就提前指出了问题并要求修正，这是令人难以接受的。万一现实验证下来没问题呢？凭什么连试试的机会都不给人家呢？不是说好了先做"原型测试"的吗？学员的这些心里话（我猜的），都是合理的。我为什么试图干预学员，把我认为的错误消灭在摇篮里呢？我的那种做法和小区里带孩子的那些爷爷奶奶们的做法差不多。比如孩子不能玩水，怕把衣服弄脏；孩子不能玩雪，怕感冒；孩子不能刷碗，怕打碎碗碟……

爷爷奶奶们的做法为什么是错的？最根本的一条是剥夺了孩子们探索这个世界的权利，而探索不仅是权利，更是一种非常高效的学习方式！我原先的做法，同样是在剥夺学员们探索乃至犯错误的权利。当时我完全没有想到，**探索和犯错是最好的学习**。经过深刻的自我反思，我还找到了一个原因：我怕学员失败。为什么呢？如果学员失败了，那么我就失败了。我把自己和学员无意中混为了一谈，这是不对的。

我是我，学员是学员，谁的责任谁来承担，彼此都不可以越俎代庖。内因是根据，外因是条件。学员最后能否成功交付一门课程的决定性因素在学员，不在我。我是外因，充其量提供40%的贡献，另外60%以上的贡献取决于学员自身的认知、努力等。对于结果的掌控权在学员手里，不在教练手里。教练要接受这种不确定性，要接受这种无法完全掌控局面的感觉。这就是说，我来做学员的教练，但是我无

253

法完全掌控学员的表现，无法向企业确保最后的课程交付结果。

想明白这些事情，我就释然了，可以真诚地向我所辅导的内训师讲出下面这句话了——解决方案肯定不止一种，我的建议供你参考，最后的决定由你来做。

由此，我和学员之间不再有对抗，而且彼此的信任在快速地增长。

2. 原型测试

原型测试就是一种用户测试方法，主要是通过产品原型来快速测试、验证已有的概念、假设是否有效，尽可能花最小的成本来验证用户是否真的需要我们的产品。所谓"原型"，既不是成熟的产品，也不是半成品，而是完整的、仍处于设计阶段的产品，有很多微小的瑕疵，但是主体结构是完整的。

在辅导实战中，原型测试就是内训师的第一次试讲。我会建议企业安排最少的学员供内训师验证其课程逻辑、核心观点及案例素材等。除了人数以外，原型测试的其他方面，比如教室环境、教学方式，都尽可能对齐正式课程。

测试前，我会尽量减少与内训师之间不必要的沟通，减轻他的压力。测试中，我会做一名安静的、纯粹的观察员，不与内训师发生与培训有关的沟通。测试后，我会进行针对性辅导。

3. 针对性辅导

"针对性辅导"就是指针对原型测试的辅导。这个辅导会分两次完成。

第一次辅导是在原型测试结束的时候。这时我会走上台，表达对内训师的肯定和鼓励之后，引导全体被测学员从"好的方面"和"还可以更好的方面"两个角度来逐一分享课程体验。我会在白板上进行板书，记录观点。完成观点收集之后，我会结束我的工作，即把麦克风交给内训师或主持人。为什么要做这件事？一是要现场及时收集学员真实的、新鲜的反馈，避免拖延造成遗忘；二是为接下来的一对一辅导提供输入和关键佐证。

第二次辅导即一对一辅导，一般是在原型测试结束后的两个小时以内开始，辅导时长大概两小时左右。辅导分以下几个步骤实施。

（1）反馈内训师表现好的地方。

方法是先邀请内训师自我反思，讲出自己表现好的地方，我来多次追问，"还有吗？"当内训师穷尽观点之后，我来补充观点或事实方面的细节。这个动作有一个附带的好处，就是表达诚意、巩固信任，尤其面对资深内训师的时候。

（2）反馈内训师表现不够好的地方。

方法同上，区别在于我不会同样地关注细节，而会忽略掉很多细节，把注意力聚焦到主要的问题上。

（3）澄清课程的核心目的以及主要目标。

这个动作看似多余，实际情况是内训师们经常过多地把注意力投入到了局部和细节，而忽略了方向和目标问题。所以，这个动作会贯穿整个辅导过程，会经常被提及，需要经常被确认，用来验证某个局部设计是否合理以及是否必要等。课程的核心目的就像一把万能钥匙，哪里有问题，只要启动这把钥匙，经常能迅速统一思想、解决问题。

（4）结合现场反馈归纳问题。

受训学员现场给出的"还可以更好的方面"的反馈和（2）中找到的主要问题，我将其汇总起来，然后归纳为三类问题：结构类问题、内容类问题、形式类问题。

1）解决结构类问题。

解决这类问题的关键是，确保课程结构的逻辑合理、清晰。具体怎么设计课程结构，"课程开发"部分已经讲过了。我会和学员一起，一边回顾那部分知识，一边重新评估现有课程结构的逻辑性。

现场学员反应没有达到课程设计者的预期，原因是多方面的，可能是预热不够、培训师现场口误或指令不清、互动形式不对等，未必都是结构问题。这时就需要教练凭借丰富的现场教学经验，帮助内训师抽丝剥茧，剔除干扰因素，重新审视课程的逻辑结构，找到问题点以及改进方案。

2）解决内容类问题。

结构问题解决了就可以来谈内容问题了。这时经常涉及案例、素材的选择问题，判断标准就是看所选的案例、素材能否严谨地支持教学目标、学习要点的达成。

这里需要注意的是不要被素材绑架。这个观点前文已经提过，就不再赘述了。另外，还有一个方面要更加引起注意。

有一次辅导，我发现内训师课件中有几个视频，拍摄制作得很精美，但是这些素材是用来吐槽"办公室政治"的。我问内训师："你播放这些视频的目的是什么？"她说："我们这门课程被授权的时候就带了这些视频。"（我是接手前面的咨询公司，继续辅导企业内训师交付一门认证过的课程）我脑海里立刻跳出一句话，"尽信书不如无书"。她被所谓的权威震慑住了，失去了独立思考和判断的能力。

经过探讨，如果非要把这些视频和某个学习要点联系起来，似乎也可以，但是我明确建议内训师放弃这些视频。因为这个视频没有给出任何解决方案，只是在单纯地散布负面的能量和信息。

老师不一定是真理的化身，但是必须是"正能量"的化身。我们可以有负面情绪，也要设法调整，但是在课程上，无论出于任何理由，也不能去传播负能量。我认为这是一个原则问题、底线问题。为人师表，不是口号，而是沉甸甸的责任。所以素材的筛选方面，我再加上一条，就是**坚决不能传播负能量**。

3）解决形式类问题。

这类问题很多都是有关授课技巧方面的，前面文章已经涉及很多了。这里再做一点补充，也是我在辅导过程中经常遇到的问题。

我这一流派最强调互动，因此培训师经常会邀请各个小组的学员分组讨论问题。这个时候经常会出现一种情况，就是各个小组讨论的进度不同。新手内训师通常没有经验，不能很好地应对，建议可以分以下几种情况处理。

① 对于进度比较快的小组，老师可以主动走过去，问问他们讨论的情况，可以请他们做一点解释和说明。如果时间还是空余较多，可以给他们安排一点新的作业，让他们向更广更深的方向拓展知识。

② 对于进度比较慢的小组，老师本来就要实时监督各个小组完成任务的进度，一旦发现进度慢的小组，要及时走过去提醒该小组注意进度。另外，如果其他组都完成了，该小组还是没完成，可以安排其最后发言分享。

总之，老师要通过自己的动作干预各个小组的进度表现。如果所有小组的表现都未达预期，那么老师要反思，设定的任务完成时间是否合理，在下一次课程中及时优化和验证。

4. 首秀

首秀是第一次正式培训，也是第二次试讲，与原型测试的区别在于班级人数不再按最少标准配置，而是按照设计标准配置。比如原型测试设 2 组，每组 3 人；首秀设 5 组，每组 5 人。所以首秀时，比较大的挑战在于控场和时间把控，一不小心就可能导致拖堂。

5. 跟进辅导

这时的辅导将更多地集中在形式类问题上。这类问题是无法穷尽的，需要依靠大量实战经验来处理。这个阶段教练的工作主要是帮助内训师固化好行为，查缺补漏。

2P3F 法，已经成功帮助上百位企业员工迅速成为内训师。每次辅导一位员工实现这种蜕变，只需要两天时间，根本不需要几个月甚至数年的时间。所以，把这种方法称为"外挂"，应该也不为过。

小 结

1. 初步沟通，教练对内训师传递信任、支持，鼓励其大胆尝试。
2. 原型测试，教练要进行完整的观察和记录。
3. 针对性辅导，分两次进行。
4. 首秀，内训师要注意控场和时间管理。
5. 跟进辅导，帮助内训师固化好行为，查缺补漏。

第3节

众师百态，可资借鉴

1. 最硬的骨头一定要留给自己啃

故事一　阿华犯了大忌

这位内训师，大帅哥一枚，还同时管着几个部门，能下定决心来做内训师，真是令人敬佩。原型测试前，我看到他的下属在摆弄他的电脑，播放PPT，没有多想。

原型测试，效果没达到期望。

针对性辅导时，他随口说，"好的老师，我一会儿让他们改一下。"说了两次之后，我发现问题了，评估了一下我和他之间的信任关系，鼓足勇气说："阿华，在课程开发过程中，有的事情是不能授权的，比如确定课程的逻辑结构。"说完我微笑地看着他，温柔而坚定。把课程的逻辑结构授权他人完成，是课程开发的大忌。

他愣了一下，马上点头称"是"。时间过得飞快，晚上六点了我们一起在楼下用晚餐，他简单吃了几口，就上楼改课件去了。他安排了人陪我继续用餐，我随时等着他的询问。果然，他不时微信语音过来咨询课件设计问题。有时我较长时间没看到，他会致电他的下属来提醒我看手机以便及时回复他。他认真的态度折服了我，晚上十点，我们一起离开了大楼。

第二天的首秀，近乎完美。

复盘

很多内训师，在企业内部身兼要职，授权手下人做一些事情也是情理之中。但是原创这件事，一方面很难，另一方面又有其独特的魅力和不可替代性。设计课程的逻辑结构就属于这种事。

阿华以前从来没讲过课，更没有开发过课程，原型测试未达预期的根本原因是：由于课程的结构是阿华授权别人设计完成的，他其实很难真正理解其背后的逻辑，所以现场试讲（原型测试）时，就会出现各种卡顿。但是，阿华经过了我的针对性辅导，迅速取得了突破。我认为至少包括以下几个方面原因。

（1）对教练的高度信任。

阿华之前听过我的课程，应该是满意度很高的。后来各种机缘，都是在不断加强我们之间的信任程度。当然，阿华的这种信任除了来自我的表现以外，更多的还是来自他的开放度和判断力。

（2）谦虚、开放的做事态度。

阿华是公司重要的干部，备受董事长珍爱，可谓是"位高权重"，让下属做些事情无可厚非。但是，当我指出其错误时，他能虚心接受，没有任何抗拒，迅速做出改变。这一点出乎我的意料，谦虚、开放，也许是他诸事皆顺的法宝吧。

（3）超级强悍的学习能力。

他可以毫无障碍地接受新思想、新方法，毫无挂碍地放弃自己的原有做法，模仿加创新，调整姿势，迅速适应新场景。

内训师需谨记，开发课程中，最难的事一定不要授权出去，最硬的骨头一定留给自己啃。

2. "大胆假设"很好，别忘了还要"小心求证"

故事二　阿红的假设是错的

大美女阿红是营销精英，对做内训师很起劲。原型测试前，阿红做了大量工作，提前准备资料、案例，安排好了"托"，信心满满，坐等"一战成名"。

结果，这一炮没打响。其实在 HR 那帮帅哥们看来，她的表现已经很棒了，这次的效果远超平时。但是阿红显得很沮丧，认为远远没有达到自己的期望。

针对性辅导时，我问她哪方面远远没达到自己的期望。她说："现场的气氛啊！今天现场这 8 位学员平时都和我很熟悉的，原以为他们会很积极地与我互动，但是没有嗨起来。"我说："你认为原因在哪里呢？"阿红低头不语，过了几秒钟，她勇敢地抬起头，说道："肯定是我哪里出了问题，老师，您直说吧！"

我看她准备好了，开始指出她的问题，"你留给学员们讨论问题的时间太短了。你以为大家很熟悉，所以可以像平常聊天一样马上回应你。事实是，培训场景和平时聊天场景不同，虽然人还是那些人，但是场景变了，人的行为也会发生变化。比如这里不是私下场合可以畅所欲言，甚至不动脑子也能说；这里是公共场合，还有像我这样的观察员、局外人在场，学员们势必要考虑自己发言的质量，至少不能给人留下笑柄吧。所以，学员们需要更多的时间思考，还要小组内部分享观点再达成一致，最后向全班分享。这个过程所需花费的时间比平时聊天所需花费的时间要多很多。你今天的这个经历很宝贵，验证了你课程设计中一些不成立的假设，比如一次小组讨论需要多少时间。所以我要恭喜你啊！下一次效果一定更好！"

她一边听一边做笔记，有时会心地微笑，有时紧蹙眉头，很快她就收获了一大摞笔记。我问她："还有没有什么问题？"她仿佛是自言自语："我还是太自信了！"我会心一笑。她收起了全部的笔记，目光坚定地看着我，说道："您看我下一次的表现。"说完，她自信满满地离开了。接下来的几场课程，她连战连捷。

复盘

原型测试就是为了验证课程开发者的很多假设。换位思考很难，单纯靠纸面上的设想是远远不够的，一定需要实地验证。

阿红的经历非常正常。她遇到的情况，恰恰说明了原型测试的必要。后来，她能迅速取得成功的根本原因，具体如下。

她有效地启动了自我觉察，找到了问题的根源——过于自信。自傲和自信之间只差一层窗户纸，自信只要过一点点就是自傲。什么是自信？自信是知道自己在某种情景下能做什么以及不能做什么。什么是自傲？自傲是感觉自己在某种情景下无所不知，以至于完全听不进去不同的声音。请注意，这时候人的认知系统处于封闭状态，一旦出现这种状况，不再从外界获得信息和能量了，这个人将即刻进入危险的状态。因为，外界环境一刻不停地发生着变化，人的认知系统封闭意味着人的主观认知与客观实际必然迅速脱离。

阿红在辅导过程的最后找到了自己主观上的问题，并且勇敢地说了出来，终于找回了她的自信。当然，她扎实的业务能力和强大的学习能力也是她能迅速取得成功的重要原因。

人总是基于对未来的某些假设在当下采取行动，老师也不例外。

每一次授课，其实都是在验证课前老师所做的某些假设。如果内训师真正理解了这一点，那么对于课前所做的各种假设就可以建立起正确的认知。应该怎样看待那些假设？我的建议是，内训师要相信那些假设存在的可能性，因为那些假设是依据了大量的事实和经验而慎重做出的；同时，内训师不必执着于那些假设，即随时准备丢弃那些假设，因为假设无论看上去多么合理，毕竟不是事实。

内训师须谨记：永远保持开放状态，一旦发现事实与假设不符，要坚决打破自己的思维惯性、情绪惯性，保持清醒，勇敢地做出改变。一句话与每位内训师共勉，也是我的母校（天津大学）的校训：实事求是。

3. 时间掌控，过犹不及

故事三　过于谨慎的阿明

阿明做内训师有两年左右时间了。初步沟通时，我看到了他准备的大量资料、案例、视频、图片等，本能地说了一句："你准备了那么丰富的素材，我有点担心你的时间啊。"

原型测试时，阿明每个环节都严把时间关，结果课程提前了15分钟结束，代价是很多环节都没有讨论清楚，很多学员们都是一头雾水。

针对性辅导时，阿明也意识到了问题，一脸困惑地说："老师，我准备的东西确实有点多，我怕时间来不及，不知道怎么解决？现场有点像要赶火车，您指导一下吧。"我笑了："问你一个问题哈，是按时下课重要，还是把学习目标达成重要？"他恍然大悟："当然是达成学习目标重要！""对，咱们来培训不是为了按时下课的，是为了有效传递知识、实现培训目标的。所以，当二者发生冲突时，我们还是要优先考虑如何保证学习目标的达成。当然，这并不是说就要无限制地拖堂。我是最反对拖堂的。怎么办？重新梳理学习目标，针对课程时间，把优先级不高的学习要点砍掉或拆分成系列课程。很多素材可以大胆取舍，不必为了说明一个观点而重复多个案例……"后来，阿明成了那家公司优秀的内训师。

复盘

内训师忙乱中可能会忘记了初心、舍本逐末，比如为了不拖堂而牺牲课程内容。通常情况下，拖堂是一件令人讨厌的事情。因为它打乱了学员的心理预期，违背了老师的承诺，说明老师控场能力的有待提高。怎样做才能既保证授课效果，又不拖堂？

①梳理课程内容，精简内容，确保真正重要的内容留下来，对学员传递到位。

②互动环节需要严格控制时间。一方面需要精准测算、反复测算和验证；另一方面需要高超的沟通技巧，确保互动时既能激发参与又能控制局面。比如遇到"麦霸"型学员怎么办？首先，互动前要先讲好规则，以便未来可以有的放矢，比如宣布"每人发言时间不超过1分钟"的规则。其次，内训师可以做人工计时器，口头提示"还有30秒，还有10秒"。最后，内训师可以以插话的方式来总结对方的话，并切换话语权。

③如果内训师发现还是要拖堂一会儿，从发现这个问题的那一刻起，及早找机会做一下铺垫，也叫"打预防针"。内训师可以这样说："今天课程互动很热烈，我预计下课时间大概要延迟20分钟，大家看看可以吗？如果大家同意的话，掌声确认一下？"这时，学员们通常会鼓掌表示支持。

对于互动式培训，掌控时间是一件非常具有挑战的事，因为过犹不及。因此，需要内训师在大量实践中反复摸索、体会，逐步接近"刚刚好"的状态。

4. 爱与包容，是解决问题的一剂良药

故事四　刚强的阿牛

阿牛的工作阅历丰富，干过很多职位，属于公司业务上的大牛，对内训师的职业很有热情，也是资深内训师。原型测试要求人数尽量少，但是阿牛不同意，认为没有必要，自己又不是新手。HR与之沟通未果，来和我沟通，请我说服阿牛按照既定的计划去做。我说我只能试试看。初步沟通时，我策略性地提出了这个问题："前面的几位内训师在原型测试的时候，都不同程度地出现了问题。建议你的这次原型测试还是按照既定的计划安排2组共8人，而不是5组30人。"阿牛说："老师您放心，我不是新手，经常讲课，而且人少了我没有感觉。"这两个理由我一时无法反驳，而且在电话里沟通这种分歧，也很难获得理想的结果。我说："好的，按照你的想法做，大胆去尝试吧。"我拨通了HR的电话："我也无法说服他。他也有可能完美地完成任务，我们先相信他吧。同时对于内训师的成长，我们有的时候就是要先做好陪伴，要能允许他们走一些弯路，尤其对于特别自信的内训师更是如此。这个群体很能干，也实际干了很多活，但是他们有他们的缺点，我们先要接受，等时机成熟了再帮助他们成长。"HR表示理解和同意。

原型测试时，学员们很配合，现场气氛不错。结束时阿牛很开心。针对性辅导开始了，我们直接进入了第二部分（针对性辅导总共两部分，第一部分是学员群体反馈）一对一辅导：①反馈优点，阿牛讲了几点，我补充了几点；②反馈缺点，阿牛警觉了起来，觉

得没什么缺点。我说道："开场一处重要的讨论环节,你设计了很新颖的形式,用9张纸条覆盖3道讨论题,每题3张纸条,让5个小组的组长抽纸条来决定讨论哪道题,是吧?""是的。""这个做法很有创意。这3道题之间有关系吗?""有逻辑关系的。""但是你在组织大家分享的时候,顺序好像是随机的,是吗?""是的。"阿牛一下子意识到了问题所在,一拍大腿:"老师,您的这个提醒太好了。我没有注意到这个问题。第一个基础题还没讨论,没有共识,就直接讨论第二题和第三题了,难怪大家好像总讨论不到点上。而后面再讨论第一题时又很怪,仿佛重复了很多东西。对,对,问题就是出在这了!"其实,他也感觉到了有些不顺,只是被现场的气氛蒙蔽了,没有再深入思考"不顺"背后的问题到底是什么。后面辅导时,阿牛的态度完全不同了,好像换了一个人,晚上还请我吃了大餐。

复盘

气氛有时是假象。这家公司的HR之前和我吐槽,培训难做。她的原话是,"现场嘛,总是很开心。"然后语焉不详了,我那时还没太理解。听了阿牛的课程之后,我明白了。这家公司的培训问题不在于气氛沉闷,也不在于现场没有互动,他们已经过了那个阶段了。他们的问题在于如何将培训内容真正落地。这一点对内训师提出了更高的要求,即内训师要让自己的课程更接地气。

对于"刚强难化"的内训师怎样辅导?我的经验是依然真心地喜欢他们、包容他们,允许他们按照自己的想法进行尝试;当他们遇到问题时或确实做错了事情时,再摆事实、讲道理,真心地帮助他们成长,他们会接受的。他们虽然有一点骄傲,但是并不笨。

故事还有很多,我又想起了舌灿莲花的阿丽、"拙嘴笨腮"的阿龙、以冷幽默著称的阿白、"文武双全"的阿晶等。

每辅导一位内训师，我就会收获一份"终于又可以倾囊相授"的快感；然后很快就会获得一份扎扎实实的成就感，因为每次都可以迅速见证一颗培训新星的升起。

小 结

在辅导内训师的实践过程中，我有几点感悟。

1. 没有两位内训师是一样的，总是各有各的特点，各有各的长处和短板。

2. 没有两次辅导过程是一样的，虽然辅导的总逻辑不变，但是具体操作时，必须要因材施教、择机施教。

3. 大量事实证明，辅导可以迅速让一名内训师成长起来、成熟起来。

4. 辅导的过程，是一名内训师从"生手"成长为"熟手"的纽带和桥梁。没有辅导过程，只依靠内训师自己摸索，"生手"可不可以变为"熟手"呢？

当然可以。问题是在自我摸索的过程中，人们总是不太确定自己的做法对不对，以至于需要很多实践反复验证，才能逐渐搞清楚自己的哪些做法正确、哪些做法错误。这个过程会走很多弯路，会耗费很多时间。

接受辅导，相当于直接站到了老师的肩膀上，先迅速获得老师多年积累的经验，在这个基础上再去实践体会这些经验以及总结自己的经验。

自我摸索和接受辅导，都是内训师成才的策略，但是二者的效率和效果不可同日而语。

5.辅导的过程,也是一名内训师从"熟手"走向"高手"的纽带和桥梁。道理同上。

其实,每个人都需要自己的老师、教练。内训师也不例外,我也不例外。

跋
为企业内训师建立生态位

企业作为一种经济组织,其根本目的在于追求盈利。怎样才能实现其经济利益呢?通过投入并整合各种资源,来获得回报。资源分为有形的资源和无形的资源。有形资源包括资金、土地、厂房、设备、人力等;无形资源主要包括技术、专利、课程、管理、协同、文化等。有形资源和无形资源的关系是"谁也离不开谁"。一切有形资源如果失去了无形资源的驾驭,将形同虚设,甚至反受其累;同时"巧妇难为无米之炊",即再好的无形资源,如果失去了有形资源的支持,也是"空中楼阁",终无建树。二者缺一不可。

企业内训师就是生产和传播知识的主力军,是无形资源的主要占有者、生产者、传播者。企业的每位员工,上至总裁,下至操作工、管理培训生,都可以并应该成为内训师。因为知识无处不在,只要企业在运转、人在活动,知识每天都在不停地涌现,同时,每个人都有责任为企业总结和沉淀知识。

总裁可以开发一门"如何进行战略思考"的课程;操作工可以开发一门"如何清洁机床"的课程;管理培训生可以开发一门"如何迅速适应企业"的课程。

对于企业而言，既然内训师如此重要且人人都可以并应该成为内训师，那么这样的一支队伍应该如何管理呢？

我的建议是分级管理。

这个建议源于中国共产党对于所领导武装力量的管理方法——三结合武装力量体制。这是中国的传统军事体制，是在解放战争时期形成的野战军、地方军和民兵相结合的武装力量体制，也是一种主力兵团与地方兵团相结合、正规军与群众武装相结合、武装群众与非武装群众相结合的人民武装组织体系。这一体制使不同水平的武装力量互相形成优势互补，主力兵团可以超地域作战，地方兵团可以在本区域配合主力兵团承担重要任务，同时又是本地区对敌斗争的支柱，而民兵人多，分布广，自然是主力兵团和地方兵团的得力助手和后备力量。

回到企业内训师团队的管理问题，企业内训师也可以分为三个层次：公司级、部门级、员工级。三个层次的内训师所拥有的价值观和基础方法论是相同的。但是工作内容不同、工作重点不同，所产生的知识不同以及传播这些知识的所需方式不同。不同层级的内训师之间可以按照一定的规则有序流动。

关于企业内训师的培养，篇幅所限，我最后再强调一点：帮助内训师这个"新物种"融入企业生态圈、占据一个生态位。

一个生态圈总是在不停地演化。大自然的演化是没有方向的。但是企业生态圈的演化应该是有方向的，即企业总是朝着"用最低的成本实现最大的收益"这个方向演化。今天很多企业中内训师为什么会出现，为什么会存在？一定是内训师解决了企业的一些问题，帮助企业降低了某些成本，创造了某些收益。但是，我们注意到很少有企业把内训师作为一个职位设计到组织结构中去，即内训师多数都是兼职的。

这说明内训师在这样的企业生态圈中没有稳定的生态位。因为其创造的价值还不够明显或不够稳定，或者决策层不认为内训师在持续创造价值，或者内训师所创造的价值无法被量化等。我认为几个方面的原因应该都有，不同的企业情况不尽相同而已。但是由此产生了一个悲剧，很多优秀的内训师由于看到现存企业中没有这样的生态位，加之过大的工作压力等因素影响，最终无缘这个角色，结局不是多赢，而是多输。破局的方法有以下两个。

（1）自然演化。

这个办法无须干预，总在发生，唯一的问题是时间不可控，也可能很快，也可能遥遥无期。但是人的生命有限，企业也有生命周期。

（2）人为干预。

这个办法有点像国家的产业扶持政策，比如新能源汽车产业的发展。如果没有国家扶持，新能源汽车的成本显然远远高于传统汽车，那么这个产业在可预见的未来不可能迅速发展起来。因为成本高，销量就上不去，就没法实现规模化生产，就没法把成本降下来，就没法不断听取大量用户反馈而优化、改造、升级车型。

国家看准了世界发展的大趋势，下决心下场干预产业发展，制定补贴政策，催生新产业。同样道理，企业发展如逆水行舟，不进则退。企业发展中，知识的贡献占比将越来越高，内训师这个"新物种"的价值将越来越高，这也是大势所趋。

企业决策层如果认同这个趋势，那么就要下决心为这个"新物种"提供"产业扶持政策"，给企业内训师这个"新物种"提供一个稳定的生态位。事情只有干了，才可能逐步地干好。不干，永远不会干好。

企业内训师的养成是一个系统工程，涉及的问题很多，希望《企业内训师是怎样炼成的》这本书作为一块引玉之砖，能够引起更多决策层对内训师培养的重视，能够为企业的管理层、HR团队以及有志于培训事业的伙伴提供一点参考和借鉴。

我会一直做培训师。在我所有的课程中，我最愿意上的就是"TTT培训培训师"这门课程。老师做久了，我最大的心愿是带出更多的老师。"是故弟子不必不如师，师不必贤于弟子，闻道有先后，术业有专攻，如是而已。"愿与有缘人，同修共度、自度度人。

后记

1. TTT 技术到底是什么

我的 TTT（Training the Trainer to Train）课程，包含两套方法论："课程开发"与"课程交付"。前者解决"如何开发一门课程"的问题，后者解决"如何交付一门课程"的问题；前者解决内容方面的问题，后者解决形式方面的问题；两者缺一不可，不是对立关系，而是辩证统一的关系。这套 TTT 技术的本质是什么呢？

要想回答这个问题，需要回到对应的场景中去看。内训师们掌握了 TTT 技术之后，要走上讲堂，"传道、授业、解惑"去了。他们要去影响他们的学生去了。

影响力就是领导力。

老师这种职业天然就要扮演领导者的角色。**所以，TTT 技术本质上，是一套影响别人的技术，是一种提升领导力的技术。**如果抓住了这个本质，那么这套技术可以应用的场景就太多了，比如班组的晨会夕会、部门会议、家庭会议以及一对一沟通的场景，都需要这种技术。所以说，TTT 技术是一种具有普遍意义的影响别人的领导力技术。而领导力,是每个人都需要的一种能力。

我是一名兼职心理咨询师,对心理咨询行业稍有了解。抑郁症的早期表现是生活无意义感。由此,一条真理性的规律涌现了出来:人活着,不仅需要物质方面的条件,比如食物、水、空气,还需要精神方面的条件,比如人需要意义感。人的意义感来自哪里?很大程度上,人的意义感来自对别人施加了影响力,即别人因被影响而发生了改变,发挥影响力的人获得了存在感、价值感,最终获得了意义感。

所以,发展和培养自身的领导力、发挥对别人的影响力、获得意义感,是每个人健康生存的必备前提条件。

领导力是每个人都必须具备的一种能力。我的这套 TTT 技术,本质上就是这样一套领导力技术,可以帮助每个人提升领导能力,提升生命品质。

2. 我为什么做培训师

我做培训师眨眼间已经有 20 多个年头了,到目前为止,我对自己的这种职业选择是满意的。

这 20 多年间,我的工作其实只有两件事:输入和输出。输入就是各种形式的学习,包括看书、听课、参观、游学等;输出就是开发课程、交付课程、为各类学员提供辅导和咨询等。

这个过程中,我的时间得到了最大程度的利用,几乎没有浪费的地方,我对自己的这种生命度过的方式很满意。

同时我的自由度是很高的,大多数时候,我可以主宰自己的生活状态。我对这种对自我生命的掌控感很满意。

还有,对于某种课题持续地学习、研究、成果输出(即交付课程)可以形成一定的复利效应,我对这种精力的投入产出关系也是满意的。

上述三个方面于我而言是重要的，但还不是最重要的。我 20 多年来坚持做培训师这件事最根本的原因是：意义感。

实实在在地帮助到学员、真真切切地看到学员发生行为改变，每每都会带给我扎扎实实的价值感、成就感、意义感。生命中，似乎没有什么事情比改变一个真实的生命更有意义了。

帮助别人，实质是一种很高级的精神享受。做培训师这份职业，客观上就会常常被动获得这份精神享受。所以我能不做培训师吗？或者说做培训师能不上瘾吗？

3. 培训师的自我修炼

关于培训师的自我修炼，我有一些心得和大家分享。

（1）保持开放。

经验是一柄双刃剑。培训师做得越久，经验会越丰富；人年岁越大，经验会越多。经验无意中会变成束缚人继续成长的桎梏。关于培训师的自我修炼，我认为最重要的一条应该是：永远保持头脑、思维的开放状态，返璞归真。正如《道德经》所言，"专气致柔，能如婴儿乎？"培训师要像婴儿一样保持对这个世界全然的兴趣。

（2）保持谦逊。

阻碍培训师进阶的最大挑战莫过于两个字：傲慢。

傲慢特别难克服，因为它和人生中最宝贵的一项特质极其相似——自信。自信稍微一过头就是傲慢，而傲慢可以让人的思维系统瞬间走向封闭。思维一旦封闭，立即会引发熵增，然后系统会走向衰败。传说《易经》六十四卦中只有一卦六爻皆吉，那就是谦卦。保持谦逊，可以得平安，可以更长久地长进。

（3）保持觉察。

《思考，快与慢》一书中提到，人的行为大部分是由系统一（主管直觉）控制的，即自动发生的，而经过系统二（主管思维）处理后产生的行为只占一小部分。也就是说一个人的行为在大多数时候，都是处于"无人驾驶"状态。这种状态下，人是由本能控制的，各种习惯、习性、人性的弱点（贪嗔痴等）都会冒出来控制人的行为，导致认知偏差和决策失误。怎么办？训练自己的觉察能力、让自己常常处于自我觉察状态，也就是让自己摆脱系统一的控制，回到由自己的意识真正掌控的状态。具体方法是，可以经常做一做冥想练习，让自己有机会静下来，感受身体、思维的变化，让自己体验觉察的状态，感受觉察的美妙。保持觉察，是每个人持续成长的前提，培训师当然不能例外。

（4）为学日益。

持续学习，修日日不断之功，深耕几门特定的学科。同时注意与时俱进，持续学习各种新知识。

（5）为道日损。

培训师为了追求真理，需要不断减少自己的欲望、执着、偏见，减少对物质的追求和拥有，把自己有限的精力更多地集中到对生命大道的理解和践行上。

小结

关于培训师的自我修炼，我总结了 5 点心得。

1. 保持开放。
2. 保持谦逊。
3. 保持觉察。
4. 为学日益。
5. 为道日损。

附录 1

配套工具《课程开发工作表》

TTT 之课程开发——应用工具

课程开发工作表		
一、提出概念		
题目：　　　　　时长（h）：　　　　　对象：		
二、确定课程框架		
1. 回顾来源		
最早是谁提议做这个培训的？		
当时发生了什么事情？		
当时提议做这个培训的初衷是什么？		
2. 收集需求		
利益相关方	遇到或是要解决什么问题	问题背后的需求是什么
老板		
学员		
讲师本人		
其他		

续表

3.确定对象	
这个培训主要针对哪个群体？	
有无门槛要求？如果有的话，门槛要求是什么？	
4.确定本次课程的培训目的 （1）以上需求，有哪些交集？ （2）这个培训到底要解决什么问题？当课程结束，学员走出门的时候，你最希望他们带走什么？ （3）如有多个目的，请给出优先级（考虑系列课程）。 （4）和初衷有无差异？如果有的话，原因是什么？差异有效吗？ （5）培训目的是什么？	
5.确定课程框架	
目标1	要点1
	要点2
	要点3
目标2	要点1
	要点2
	要点3
目标3	要点1
	要点2
	要点3
……	……

附录1 | 配套工具《课程开发工作表》

续表

三、教学策略选择
学员评估： 参与偏好：□主动 □被动 □适中 信息不对称程度：□高 □中 □低 教学策略选择： □灌输 □引导 □混合（灌输 %，引导 %）
四、教学手段选择
□PPT讲解、□图片、□活动体验、□案例、□小组讨论、□角色扮演、□游戏、 □分享、□头脑风暴、□视频、其他（　　　　　）_____

五、课程内容开发	
要点1：	学习活动1：
要点2：	学习活动2：
……	……

六、辅助工具开发：□课前调研问卷、□课前访谈提纲、□课后评估问卷、□课后跟进工具表格、□讲师手册、□学员手册、□其他所需资料
七、课程优化：（拟定计划）

附录 2
HR 心声

内训师培养心得

Joy Chen

在过去的十几年里，我们公司与高老师深度合作，培养了一批又一批优秀的内训师，极大地提升了我们内部培训的质量和效率。培训过程中，高老师总能迅速把握培训的核心，洞察到学员们的疑惑与迷茫。运用缜密的思维，从复杂的现象中提炼出本质，为学员们提供清晰、明确的指导。无论是技术难题的剖析，还是非技术领域沟通、协作能力的培养，高老师都能够一针见血地指出关键，使学员们豁然开朗。

在此，我想就我司如何借助外部资源高效培养内训师的经验与您分享，并希望能对更多的企业有所帮助。

一、明确培养内训师的意义

在当今快速变化的市场环境中，企业要想保持竞争力，就必须拥有一支高素质、专业化的内训师队伍。他们不仅是企业知识技能的传承者，更是企业文化、价值观的传播者。因此，我们深刻认识到培养内训师的重要性，并将其作为企业发展的重要环节。

二、选择优质的外部讲师资源，制定科学合理的培养计划

在培养内训师的过程中，我们深知外部讲师的重要性。高老师作为我们合作多年的外部讲师，不仅具备深厚的专业背景，还有丰富的实战经验和独到的培训方法。他深入浅出的讲解、生动有趣的案例分享，让学员们受益匪浅。在培养内训师的过程中，我们制定了科学合理的培养计划。首先，我们根据企业的实际需求，明确课题，进行内训师的选拔和推荐；其次，我们与高老师合作，进行课前的调研访谈，制定了针对性的培训课程；最后，在集中的课堂培训结束之后，我们会安排学员进行试讲演练，学员可以通过试讲环节收到来自上级、授课目标对象以及其他成熟内训师等多维度的反馈建议。对于学员来说，非常有价值的一部分是，高老师也会针对试讲环节进行一对一的辅导，给出具体、可行的操作建议，使学员们有信心走上讲台，真正地实现"首战必胜、每战必胜"。

三、建立有效的激励机制

为了激发内训师的积极性和创造力，我们建立了有效的激励机制。一方面，我们为内训师提供了丰富的培训资源和机会，让他们能够不断学习和成长；另一方面，我们根据内训师的培训效果和贡献，给予相应的奖励和荣誉，让他们感受到自己的价值和成就。这种激励机制不仅激发了内训师的热情，也促进了企业内部知识的共享和传播。

我们认为，培训不仅仅是一项任务或活动，更是一种文化。因

此，在培养内训师的过程中，我们注重营造积极的培训文化。我们鼓励内训师积极参与培训活动，分享自己的经验和见解；我们也鼓励员工积极参加培训学习，提升自己的能力和素质。这种积极的培训文化不仅促进了内训师的成长和发展，也为企业的发展注入了新的活力和动力。希望我们的经验和方法能够帮助更多的培训从业者在培养内训师的道路上少走弯路、取得更好的成效。

高志鹏老师系列培训课程

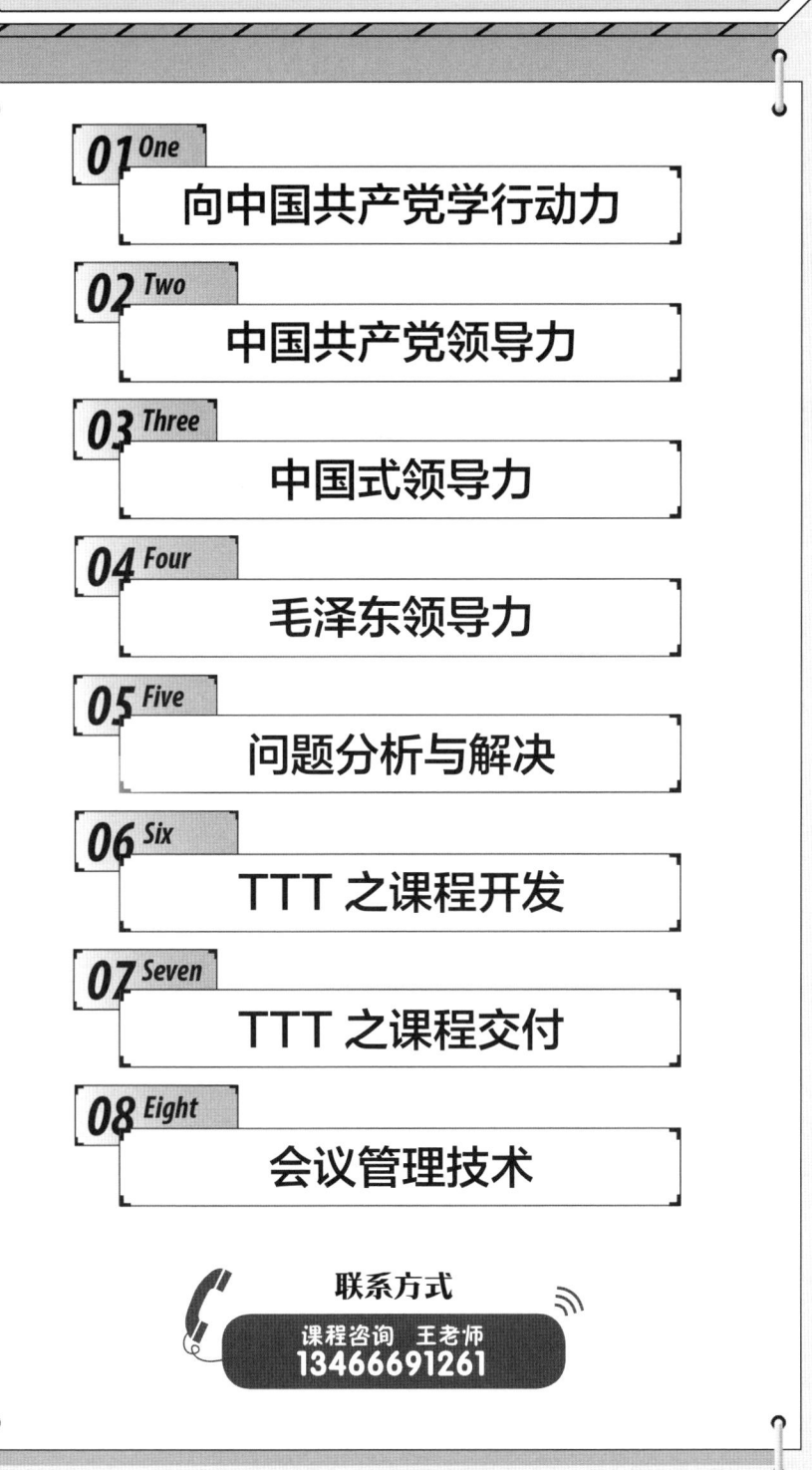

01 One 向中国共产党学行动力

02 Two 中国共产党领导力

03 Three 中国式领导力

04 Four 毛泽东领导力

05 Five 问题分析与解决

06 Six TTT 之课程开发

07 Seven TTT 之课程交付

08 Eight 会议管理技术

联系方式

课程咨询　王老师
13466691261